湛庐CHEERS

与最聪明的人共同进化

HERE COMES EVERYBODY

CHEERS
湛庐

[日]长谷川和广 著

萧条中的

决定版2000社の赤
字会社を黒字にした
社長のノートfinal

班健 译

生存策略

中国纺织出版社有限公司

测一测

企业如何“破局发展”？

扫码加入书架

领取阅读激励

扫码获取全部

测试题及答案，

一起了解萧条时期

企业的经营之道

- 日本传奇社长长谷川和广曾帮助超过 2 000 家企业扭亏为盈，他从实战经验中分析得出：企业亏损的根本原因在于：（单选题）

  A. 企业文化松散懈怠

  B. 员工毫不关心企业利润

  C. 企业缺乏有效的绩效管理体系

  D. 经营者害怕面对问题，只顾着逃避

- “龟兔赛跑。只要不违反法律，用什么手段都可以。乌龟怎样才能战胜兔子？”这是一道管理岗的面试题，以下更可能得到面试官青睐的回答是：（单选题）

  A. 拼命努力战胜兔子

  B. 想办法让兔子犯困

  C. 在赛道中加入跨河路线

  D. 在龟背上装上喷气式飞机

- 企业应该为消除赤字、扭亏为赢留出多长时间做准备？

  A. 3 个月

  B. 6 个月

  C. 9 个月

  D. 12 个月

扫描左侧二维码查看本书更多测试题

社长现在最想告诉你的事

现在，商务人士面临两个课题：**一个是如何在生死攸关的危机时刻存活下来，另一个是如何度过危机后的时期。**

利润是企业事业得以开展下去的动力。所以，无论面对什么困难，商务人士都必须始终以追求利润为目标。话虽如此，但越来越多的企业因为营业额的减少导致利润缩减，资金周转困难。

这其中可能不少经营者发现同类企业的经营已经开始好转，不知何时起只剩本企业还深陷泥潭。一旦陷入这种局面，从社长到一般员工往往都会觉得“我们或许再也翻不了身了”。但这时放弃还为时尚早，因为，**每个人都有咸鱼翻身的机会**。我亲眼看到过太多曾处于生死存亡边缘的企业、经营者和他们的员工，打了个漂亮的翻身仗。

我曾在兼任日本家乐氏（Kellogg's）、日本拜耳（Bayer）

等 7 家跨国企业董事长、经营主管的同时，还作为一名“职业策划人”，负责赤字企业的重组。迄今为止的 50 年间，我救活了约 2 000 家亏损企业，帮助他们重新创造利润。我在尼康–依视路（Nikon-Essilor）工作时，企业负债 50 亿日元，在我接手的 1 年后偿还清，并在第 3 年就做到了无贷经营。

在本书中，我会根据自己的体会和无数的成功经验，告诉那些在困境中挣扎的亏损企业如何做到扭亏为盈，让那些失去热情和自信的管理层和员工看到光明。

这本书源自我一直以来所记录的“惊奇笔记”（OYATTO NOTE）。平日里我的所思所感、让我发出“咦”的感叹、让我茅塞顿开的灵感，都记录在这些笔记中。只要我有时间，我就整理、分析这些笔记。

工作中我们需要进行职业化的思考，需要对发生的事情多提问、多深入思考。可是，每日忙碌的生活让我们忘记了寻找这些疑问的答案。虽然我已经 80 多岁了，但是从 50 多年前开始直到现在，我一直在坚持思考的习惯。现在，我的笔记已超过 300 本。

笔记内容涉及面广，并对那些非常重要的“发现”进行了分类，如“自身的失败或成功”“社会的动态”“经营环境的动向”“工作带来的变化”等。这些“发现”积少成多，当我看一些专业书，或者得到一些信息，或者和人交谈时，我就像俯瞰全局一样，能看到事情的关键点、问题点。再进一步聚焦这些关键点、问题点后，我就形成了自己关于工作、人生、服务社会、世界动态的观点，这些也是一个人的思想核心。这也意味着，我进行判断、决断的“原理、原则”得以确立。随着我的笔记日渐增多，不管面对什么样的危机，我都能找到最好的应对办法。这使我既不会感情用事，也不会因临时抱佛脚而犯错误。这些笔记，支撑着我作为一个企业管理者的工作，它就像是经营困难企业的好参谋，打好了我对待工作的基础。

这本书就是从那些笔记中节选出来的。通过浅显易懂的说明和一些具体事例，我希望在企业面临外部环境急剧变化的状况时，能帮助它们从容应对经营困难。同时也希望这本书能帮助所有的商务人士。

我们现在已经战胜了泡沫经济、雷曼事件引发的全球金融危机、“3·11”日本地震等千难万苦。当然我自己就是一个曾挣扎过但最终闯过这些危机的胜利者。这些经验告诉我们，**面对困难时，没有必要掌握什么特别技能，情况越困难，回归本真反而越重要。**

当今社会风气正变得为了保存自己而不惜轻易舍弃失败者。当然生意场就是优胜劣汰，失败者从市场消失也是无法避免的。可是，一味地进行你死我活的战斗，最后只剩一个胜利者，其背后是战败者横尸遍野、白骨累累，这能带来社会的多样化吗？只有社会环境能接受暂时的失败，能教给失败者如何再次站立起来，能让其有机会多次参与竞争，社会才能富有活力。

断言眼下正陷入亏损的企业和员工没有价值是不对的。任何人、任何企业，只要存在，就都有起死回生的机会。**甘于待在困境中的企业，只是还没找到反败为胜的方法。**

只要能意识到这一点，任何人都可以再创辉煌。直到现在我们还只是一味地鼓吹承担责任，而无视当下应该探讨的是反败为胜的方法。希望这本书多少能改变这种状况。

这本书题为《萧条中的生存策略》，它虽是为了老板和管理者而写，但希望年轻的读者也能看一看。因为能和老板用同一视角思考问题，这也是工作能取得成功必不可少的能力。希望大家能适当地代入阅读，假设自己身处其境。

我的这些帮助多家公司扭亏为盈、积累至今的经验，如果能够帮助读者朋友们重振雄风，将是我的最大荣幸。

长谷川和广

2020 年 11 月

C O N T E N T S

目　录

第 2 章
生存比发展更重要 027

第 3 章
3 个月必须实现盈利 051

第 5 章 企业成长的第一步，让员工重拾“荣誉感”

第1章
再艰难也要保证利润

不确定性因素的增加，给经营环境带来了翻天覆地的改变，这对各行各业而言，都意味着要打一场关乎生死存亡的“战斗”。

只有不存侥幸心理、能做出冷静判断和拥有持久热忱的经营者才能打赢这场战斗，守护住员工和家人。重振企业，经营者必须具备哪些信念？

在这一章中，我将跟大家讲讲要想打赢危机之战，经营者应该有的意识。

1
做一个“谈赤字色变”的社长

众所周知，企业是一个以追求利润为目的的组织。没有利润，企业就无法为辛苦工作的员工支付薪水。

当然，当企业在投资一些大型设备，或因开展新业务而暂时看不到利润时，企业都会因发展规划上的安排而承受暂时亏损的压力。

即便是在这样承受压力的时期，如若公司管理层或员工都认为“这是特殊时期，可以没有利润”，这一侥幸心理也是十分危险的。

因为这意味着大家开始误以为“**巨额赤字代表着公司在做大生意**，企业要想做大做强，必会存在不盈利的时期”。

让人颇感意外的是，只要公司管理层或员工有这样的想法，那么大多数时候企业的盈利状况就无法根本性好转，甚至企业会因经营状况继续恶化而倒闭。

经营高手会始终努力去“有计划地逐步提升投资回报率或促进新业务利润的增长”，时常审视企业是否在按照规划发展。

一旦计划推进出现问题，经营高手会立刻进行善后改进，这一点非常重要。

即便亏损不可避免，经营高手也会非常敏感、慎重地对待它们。因为他们明白亏损的可怕，他们知道亏损不是好事。

如果你觉得“虽然这个月没实现营业额目标，但这是因为受到外部环境因素的影响，别的企业也不景气，这个月姑且这样吧”“新产品的促销至关重要，多少超支一点儿也无可厚非”，以及如果你对数字不再敏感，那么请你一定要格外当心。这些都说明你对获取利润这件事情不再执着。

如果管理层对出现亏损的部门不管不问，对于公司收益、财务的管理能力不到位，那么这家企业可以说具有非常糟糕的“亏损特质”。

如果情况再进一步恶化，企业就可能会面临没有利润、亏损部门增多、员工士气低落的状况，最后落得“只能倒闭”的下场。

为了避免出现这种情况，管理层和员工都要有“谈赤字色变”的危机意识。

2 解决亏损是一把手的工作

从跨国企业到创新企业，我拯救过约 2 000 家企业，而我从这些实战经验中得到的真理是：

亏损的最大原因是经营者懒惰。

这里的懒惰，指的是有能力却偷懒不做。

比如，明知道企业面临危机，却不分析、不把握企业的生存环境；害怕面对问题，只顾着逃避。

身为经营者如果抱有这种态度，那么员工的背离也不可避免。

当然，不光经营者，如果各个部门的负责人也这样，那后果一样不堪设想。因为各个部门的业绩是由这些被称为“微型总经理”的部门领头人负责的。

我每到一家亏损企业，都能看到它们有惊人的相似之处。

大部分员工毫不关心企业利润，只有少数人关心企业的存亡。企业内部不公平现象到处都是，牢骚怨言满天飞……

究其原因，就是领头人没有发挥作用，没有为公司设定明确的理念和目标。

然而，也有一些企业的做法与之相反，勤恳的经营者会积极努力地寻找问题所在，并在企业内部公示将要面临的问题。

这可以说是如同虎口拔牙或者说他们愿意拾遗补缺。

只有管理层有这种觉悟的企业，才能在危机到来时和员工们齐心协力解决问题。

21世纪以来，日本企业相继经历了雷曼事件引发的全球金融危机、“3・11”日本地震这些艰难的时期。我多年前就说过：“**今后企业要考虑的不是如何扩张，而是如何生存下来。**”经历过的每一次危机时刻，都让我越来越坚信这一点。

这就要求我们要有“战胜危机的竞争力”。

改善也罢，开发新产品也罢，我们必须做出能战胜对手的产品，提供优于对手的服务。这要求我们必须全面了解消费者的需要，抓住市场需求。这种成功体验也有利于激发员工的创新精神。

为此，经营者和各部门负责人不能松懈偷懒，要有坚持到底的“信念”“热情”和“执着”，用这些信念管理企业！

这不是“能不能做到”的问题，关键是“想不想做到”。

3 “速战速决”，扭亏为盈的关键

一个企业要扭亏为盈，首先要制订让部门实现盈利的计划。

那么针对亏损部门，如何制定切实可行的目标，如何制订实现该目标的计划，如何执行这一计划呢？

为了帮助亏损企业扭亏为盈，我一定会让每名员工都提交一份“业务核对清单”，即让每名员工都针对当下的经营问题，以 1 个月为期限，做出一份包含“由谁负责、何时截止、如何行动”的计划表。

完美做出一份这样的计划表，需要包括以下 6 个角度：

① 发现问题；

② 分析与问题相关的信息；

③ 找出最重要的问题；

④ **设定解决问题的目标；**

⑤ **制定达成目标的策略；**

⑥ **将战略落实到具体行动。**

如果通过制定这个清单，每名员工都能养成从这 6 个角度考虑工作，并且付诸行动的习惯，从而提高自己的能力，那么推进振兴企业的计划就会惊人的顺利。

只是，经营者和各部门负责人一定不能对下属员工放任不管。要不厌其烦地每天或每周查看清单内容和现状有没有偏离。

因为 6 个角度中只要有一点儿做得不到位，整个计划就难以实现。

另外，**部门扭亏为盈的关键是“速战速决”**。

2000 年，我就任尼康和法国眼镜镜片公司依视路合资的“尼康 - 依视路”公司董事长，只用 1 年时间，就让这家负债 50 亿日元的企业扭亏为盈，第 3 个年头就把企业带入无贷经营。

那时，我公开宣布过“3 个月后实现盈利”的目标，周围的人都以为我在开玩笑，可我们真的已经做好了 3 个月实现扭亏为盈的全部准备工作。

与其花费很多年来消除赤字，不如立志短时间内进行改革，这样更容易重整旗鼓。

这是事实。

或者可以说，3 个月还没做好准备的企业，盈利无望。

4 没有永远盈利的商业模式

我在咨询活动中常常听到别人倾诉这样的烦恼："不久之前还有利润，突然业绩就不好了，不明白为什么会这样。"这也就是说，企业看到的是"取得过不错业绩的商业模式不再有用"。

现在能带来丰厚利润的商业模式，今后未必能一直盈利。消费者的需求会改变，竞争对手也会采取新的商业对策。**如果市场环境变了，那么再优秀的商业模式也会落伍。**

可是，靠一种商业模式成功的企业经营者，会变得沾沾自喜，觉得以后便可高枕无忧，不再进取。究其原因，就是经营者的疏忽。这也是企业失败的原因。

经营者必须不断确认企业的商业模式是否与时俱进，必要时应主动变革适应变化。如果企业做不到这一点，那即便现在业绩良好，总有一天企业也会陷入困境。

企业要想不断发展，就必须不断调整结构，以增强竞争力。有时，根据市场需求，企业还要积极变革，以适应市场的变化。

5
即使危急时刻也不能只顾眼前

我自幼习武道，“术”和“道”的思维已深植于我的思维与行动中。

即便在工作中，我也牢记不管处于何种危急的局面，也不能只依赖、寻求摆脱困境的计谋或找到局部最佳的“某某之计”。

这是因为我知道大多被称为“某某之计”的技能中并不存在有价值的力量。

我在众人面前阐述观点，或者独自一人苦思冥想时，都会深刻反思那些不容动摇的真理和事实，以及承载先人智慧之“道”。

“术”“道”之别，如同“判断”和“决断”之别，也可以说是一时的“判断”和不变的“决断”之分。这种不同，在企业重生这样不容玩笑的事业中会产生极大的影响。

我曾因为依赖“术”而苦尝失败。

那时我接受委托，对一家外资企业进行清算。在分析企业的经营状况后，我认为这家企业还能生存下去，所以做出了可以赌一把、再扶持一下它的“判断”。于是我据此跟经营层进行交涉。

可是，那家企业的老板，根本不听我的建议，不容分说，告知我：“立刻关掉企业！企业现在正在亏损，不立马关掉企业的话，明年亏损会更多。”

他的决断，让我感受到了他不是只顾眼前事，而是有能预测到未来巨大危机，从而规避风险的魄力。

和他们基于“道”做出的“决断”相比，我碍于“术”给出的“判断”，就像视野短浅的“雕虫小技”。

今天，经营者们需要具有和他们一样的视野。

在如今的时代，企业之间的竞争已不再是“术”与“术”之间的争斗，而是“道”与“道”的短兵相接。

6
"拼命努力"只是 60 分的答案

据说一家企业在面试时，有这样一道问题：

"龟兔赛跑。只要不违反法律，用什么手段都可以。乌龟怎样才能战胜兔子？"

如果是你，你会如何回答这道题？

可能大家最多的回答会是"拼命努力吧"。如果我来打分，这个回答我给 50 分，半对半错。

"拼命努力"，作为一种生活态度，我给满分。

即便一个人现在输了，但谁都不知道他今后的人生会发生什么。只要他不放弃，一直努力，一定会时来运转。

但是，作为一个企业经营者，这个回答显然不合格。

《伊索寓言》"龟兔赛跑"的故事中，乌龟能获胜，那是兔子中途打盹儿的缘故。可是，让兔子生出困意的却不是乌龟。

兔子是因为轻敌大意才睡了过去，也就是说，乌龟的获胜纯粹源于“天上掉馅饼”的好运气。

遗憾的是，现实世界中那样的幸运不会恰到好处地眷顾我们。即便不断前行是为了遇到好运气的偶发事件，但只依赖偶发性，失败的概率反而更高。

“拼命努力”可以说是在毫无办法、无计可施的情形下的回答，但我们不能把努力当作停止思考的借口。

经营者和管理人员，要具体思考“能胜出的战略”。即便荒唐可笑的回答也没关系。即使是“在龟背上装上喷气式飞机”这样孩子气的回答，也比无计可施、只能拼命努力胜出的概率更高。

重要的是，经营者和管理人员要经过仔细思考给出具体的对策。

我不知道出这道题的企业会给什么样的回答打满分，下面是我可能会给出高分的两种回答。

（1）“在赛道中加入跨河路线”

哺乳类动物基本上都会游泳，但很明显乌龟比兔子更擅长游泳。我们可以考虑通过改变河道的宽度和横跨河道的数量来帮助乌龟胜出。

（2）“设计一条按照兔子的奔跑速度跑完全程要 11 年的赛道”

据说兔子的寿命是 8 ～ 10 年。

当然也要设定比赛规则，比如，如果中途兔子死掉视为弃权的话，那么乌龟就赢了。但是即便比赛继续，也有能活 100 年以上的乌龟。所以只要乌龟不断爬行，虽然花费的时间长，但总有一天会到达终点。

只要绞尽脑汁去思考，总会想到一些能提高胜出率的办法。

当遇到难题时，经营者不要一味地灌心灵鸡汤，要思考具体办法。

这才是为了越过难关，作为经营者以及所有商务人士应该具有的姿态吧！

7
无法解决问题，可能是问题不对

当你听到 PDCA[①] 时，会作何感想？

现在很多公司都在用源自美国的 PDCA 经营手段来规划公司的业务流程。

最近，PDCA 作为商务人士顺利推进工作的必备技能而广受关注。

但有多少人真正理解 PDCA 这一“解决问题的工作程序”呢？

直言不讳地讲，真正能利用好 PDCA 的管理者并不多。

我在和众多公司打交道的过程中，发现很多公司都存在一些不足，从而导致 PDCA 的运行情况并不好。

---

① PDCA 即计划（plan）、执行（do）、检查（check）、行动（act）4 个英文单词的首字母缩写。——译者注

其实，为了更好地运行 PDCA，在实施 PDCA 之前有一个操作必须执行。而 PDCA 不见效的公司，大都省略了这一步。

这就是“收集信息”。

PDCA 之所以不见效，是因为企业没有收集信息，没有正确分析信息，没搞清楚企业真正的经营问题是什么。

显然，在没有厘清真正的问题、课题是什么的情况下，即使确立了计划（P:plan），计划也不可能顺利推进。

公司在没有充分分析信息之后确定经营战略，或战略计划脱离实际，会导致很多问题无法得到很好的解决。

迄今，我参与了大约 2 000 家亏损企业的重建。

分析这些企业失败的原因后，我发现管理层在经营中并没有搞明白“真正的经营问题是什么”。

那么，如何才能保证 PDCA 的正常运行，以解决各种经营问题呢？那就是，在实施 PDCA 之前，要收集信息（I:information），通过分析（A:analysis）厘清问题所在后，制定目标（O:object）。

在此之后，就是制定并不断打磨一系列工作流程以便继续执行目标计划。

为了让大家更明了这个操作流程，我用下面的流程图（图 1-1）来表示。

按照这个流程图，大家就能比较有效地把控公司或项目的运转。请大家务必将这个基本流程图牢记于心。

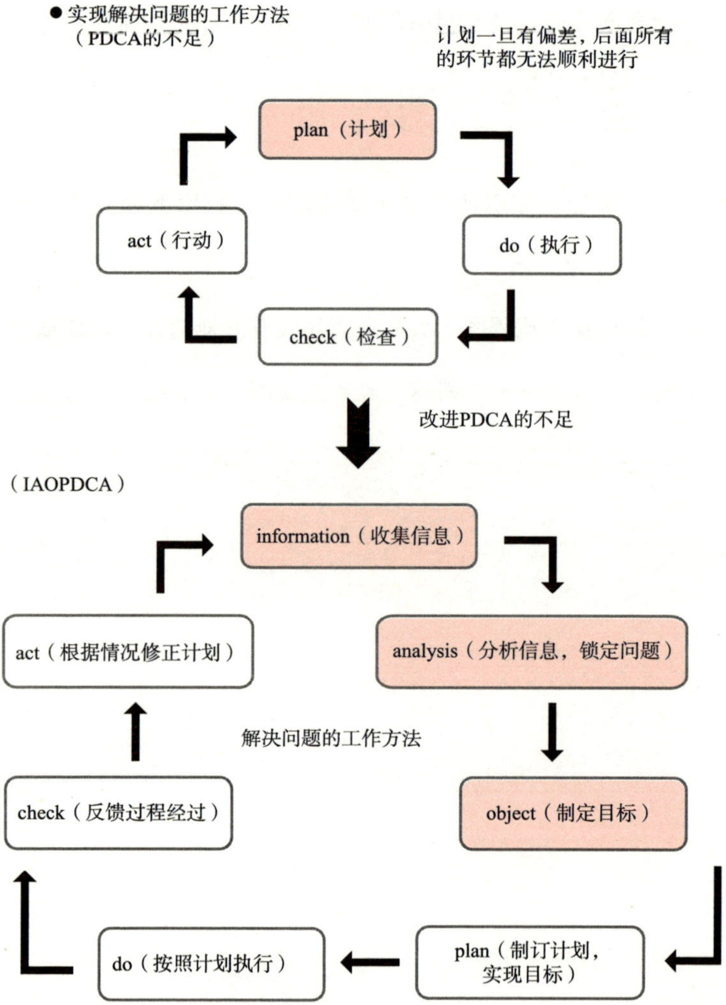
● 实现解决问题的工作方法
（PDCA的不足）
计划一旦有偏差，后面所有
的环节都无法顺利进行
plan（计划）
do（执行）
check（检查）
act（行动）
改进PDCA的不足
（IAOPDCA）
information（收集信息）
analysis（分析信息，锁定问题）
object（制定目标）
plan（制订计划，
实现目标）
do（按照计划执行）
check（反馈过程经过）
act（根据情况修正计划）
解决问题的工作方法

图 1-1　PDCA 流程图

8
满足 5 个条件的销售额才是正常的销售额

如今已不是只要销售额增加就有利润的时代。企业今后若想生存下来，必须维持“正常”销售额。我觉得只要满足以下 5 个条件，就能实现销售额的正常化。这 5 个条件也可以说是保证企业能在竞争中胜出的条件：

① 拥有在市场竞争中立于不败之地的生产能力；

② 增强销售能力；

③ 反复核对生产成本；

④ 改进战略立项的组织形式；

⑤ 构建利润管理体系。

下面我逐一解释这 5 个条件的具体内容。

（1）拥有在市场竞争中立于不败之地的生产能力

产品投放市场一段时间后，销售一定会疲软，在竞争中失去优势，导致销售额下降。当迎来产品销售疲软期，企业该如何度过，显得极为重要。

我在参与企业重组时，一定会给企业布置这样一道作业题：能够连续7年持续为市场提供“新产品”。当然能做到这一点并不容易，**请大家记住企业要想生存下去，就要不断向市场提供富有吸引力的新产品。**

（2）增强销售能力

没有销售额，企业就无法生存。和产品的竞争力一样，销售能力也是保证企业生存的重要条件之一。因此，为了能把产品销售出去，实现销售目标，每位销售员都必须具备较强的销售能力。这意味着销售人员要熟知产品信息、商品流通的各环节、本企业产品销售最好的店铺等，**要留意所有和销售相关的事情。**

（3）反复核对生产成本

产品竞争力很大程度上是由价格决定的。因此，企业必须努力不断降低生产成本。**除了“价格高低无所谓”的产品**

外，企业要在保证品质不变的前提下降低成本，这一点绝不能懈怠。

（4）改进战略立项的组织形式

企业的运行只靠社长一个人是不行的。企业所有员工要共同努力来解决各种经营问题。**我们要想充分利用人、物、资金这些经营资源，重要的就是要做好战略计划并贯彻执行，全面推进。**

（5）构建利润管理体系

在日本，以前一个公司即便没有建立“利润管理体系”，也能生存下去。可是，现在生存环境改变了，企业的经营环境日益严峻。当今世界，不知未来将会何去何从。在这样的环境中，经营者和各部门领导在经营中都必须准确把握公司数据，不断根据环境的变化微调经营目标和生产成本。为了做到这一点，**企业不仅要强化税务核算，还要加强管理核算，健全创收体系。**后面我还会详细说明这5个条件，现在请大家牢记“**以前我们做不到的事情，在以后绝不能还是难题**”。

YATTO NOTE

第 2 章
生存比发展更重要

能解决各种经营问题并保持长久繁荣的企业，都有几个共同点。同理，在亏损中痛苦挣扎的企业也有很多共同点。

在本章，我将通过对比经手过的多家常胜企业和亏损企业，看一下它们的异同点。

9
企业扭亏无望的 19 个表现

两家企业的产品和服务几乎没有差别。即便对比企业的销售策略，大家也看不出优劣。相比之下，可为什么只有我们公司的业绩还没有好转呢……

亏损企业的老板和员工，一定常常抱有这样的困惑。

的确，业绩不好的企业，或许在表面上和它的竞争对手并没有太大的不同。可是，业绩好转的企业和业绩持续不佳的企业，在企业内部、经营者的思维以及员工的行动上都有着天壤之别。

企业内部的不同不仅表现在日常业务的开展方式、经营者及员工的言行等大的方面，在最容易被人忽略的细小之处也能看到。

我从自己的亲身经历中总结出“企业扭亏无望的19个表现”。

请对比查看你的企业有无这些表现。

企业扭亏无望的19个表现

- □ 社长不作为，即有社长，但社长不起任何作用
- □ 企业发展目标、经营目标不明确
- □ 组织复杂，经营方式不合理、不便捷
- □ 管理层逃避责任，把责任推卸到下属员工身上
- □ 员工缺乏干劲，不知道该做什么
- □ 员工不清楚薪水如何产生
- □ 企业优劣势不明确
- □ 管理层缺乏战略性思考，不知道该如何让企业处于优势
- □ 搞不清楚市场、竞争、消费者、顾客在哪儿，销售手段差，产品生产能力弱
- □ 管理层无法制定出盈利方案
- □ 营销能力不敌竞争对手

- □ 销售欠款要不回来
- □ 管理层对出勤漠不关心，缺乏对员工的出勤管理
- □ 很多员工不遵守职业规则
- □ 拉帮结派的思想蔓延
- □ 浪费严重，企业员工没有成本意识
- □ 给顾客的体验差，口碑不好
- □ 员工当一天和尚撞一天钟，不会从长远角度考虑问题
- □ 管理层对变化反应迟钝，发现问题时往往为时已晚

你的企业符合以上几条呢？通过这份对照清单，我们就能明白有的企业为什么会业绩不好了。

可以说，符合以上的表现越多，企业业绩好转的可能性就越低。

企业经营者如果无法扭转亏损局面，也可以说是因为他们对经营好企业的热情不够。

当然，没有一个经营者不希望提高销售额，但他们又容易以“因为行业不景气，销售额上不去也是没办法的事”“资

金短缺，小企业赢不过大企业”等当作借口来自我安慰，他们欠缺一种主动努力打破亏损局面的意识。

企业亏损的一个特征是经营者和员工格局小。

如果企业经营者秉持“只要自己和自己的企业好就行”的观念，那无论经营者怎样掩饰这一狭隘观念，外界最终也一定会看破其居心。如此一来，经营者会失去下属、客户的信任，最终被大家抛弃。

缺乏企业规划能力和销售能力也是企业致命的亏损根源。**无论企业的产品、服务多么好，如果销售能力不行，就无法产生利润。同样，即便企业有能力很强的销售人员，如果没有好的产品、服务，顾客也不会买账。**

总之，这是一种恶性循环。

如果企业经营者不善于合理利用人才，导致员工牢骚满腹，也很难摆脱困境。

刻板的人事制度限制人才施展才华，或人才即便发挥了

能力也得不到企业认可，优秀的人才和这样的企业就会渐行渐远。

当然，一个缺乏优秀人才的企业更难以实现逆转。

也就是说，亏损的企业一定存在着导致亏损的原因。如果你的企业出现了以上问题，请你务必提高警惕。

10
企业风气恶化的 11 个表现

企业风气是由企业员工的思维方式、行动方式积累沉淀而形成的。

企业风气包括两种，一种是能凝聚所有人共同解决问题的“良好风气”，另一种是不断导致企业陷入困境的“不良风气”。

经营者当然要培养企业的良好风气，杜绝不良风气。好的企业风气是化解危机的力量源泉，而不良风气会使危机不断恶化。

但无论好坏，企业风气都存在于公司内部，企业经营者很难意识到。

下面就是一些会造成企业风气恶化的坏习惯列表。这些是我从拯救过众多亏损企业的经验中归纳得出的，它们可以说是企业风气变化的指标。

如果你的公司符合其中的哪怕一项，也要把它作为企业风气恶化的表现，请认真对待。

企业风气恶化的 11 个表现

- □ 隐藏坏消息
- □ 误导经营、趋炎附势的小人得势
- □ 故意做错误汇报
- □ 放任偷工减料现象的存在
- □ 放纵无能力之人
- □ 对危机前兆反应迟钝，或恶意逃避
- □ 对自己的错误视而不见
- □ 无法辨别产品真伪
- □ 不愿主动解决问题
- □ 对不良风气视而不见
- □ 管理者胡作非为导致企业内部萎靡不振

若想真正改革不良风气，企业经营者和一线管理人员一定要有打硬仗、打恶仗的坚定意志，要有抵制恶势力反抗的觉悟。

如果能有以上思想准备，那么企业风气的改变将会显而易见。

企业风气不良，就难以在如今的经营环境中生存下去。**如果你察觉自己的企业存在不良风气，必须进行改革。**

11
战略计划得当的 4 个表现

研发部门好不容易开发出了高利润预期的高价位产品，但销售部门为了追求销量而低价销售。或是人事部门为了节省成本暂缓招聘新员工，但生产部门却提出加大人力物力投资的新提案。这些都是在亏损企业中常见的恶性循环。

为什么会出现这样自相矛盾的情况？这是因为企业没有做好营销战略计划，或是即便制订了计划却没有落实到实际行动中。

现在应该没有任何一家企业走一步看一步，不做任何发展计划。但是，这些发展蓝图是否深入人心，是否落实为具体计划并转化为行动又另当别论。**其实，很多企业的发展蓝图都成了纸上谈兵，并没有转化为真正的实施计划。**

可以说企业是否制订好详细的发展计划将会极大左右企业的发展。

制订战略性发展计划最重要的是能否因时而异。经营环境变了，企业发展战略当然要改变，计划相应地也要调整。**但亏损企业往往无法应对市场环境的急剧变化，发展计划无法与时俱进，因而禁锢了企业发展。**亏损企业无法应对环境变化的原因是管理者和战略发展负责人不熟悉企业内外环境的变化，且企业内部缺乏专业人员把关、审核计划。

管理者不关心业内最新动向，企业发展计划多年未修改完善过，发展计划对于这样的企业而言，真的只是“纸上谈兵的计划而已”。

你的企业属于什么情况？请按照下面的对照表进行自我检查。

战略计划得当的 4 个表现

- ☐ 管理者非常熟悉经济运行规律和业内最新动向
- ☐ 管理者经常亲临企业考察
- ☐ 企业定期召开调整发展规划的会议
- ☐ 企业规划立案有一定的方式

如果你的企业有很多表现不在以上之列，那你有必要再次审视“发展计划”的内涵。梳理完问题所在之后，再重新制订可行的计划。

12
“战略”很重要，只靠“战略”很危险

在上一节中，我想告诉大家的一点是，对于企业而言战略非常重要。

可是，一个企业只依赖战略又非常危险。因为“战略”这个词非常抽象，有欺骗性，容易模糊焦点。

本来，在企业活动中，战略指“有利于自己企业的思路”。可是，战略这个词太过美好因而缺少真实感，一线员工可能会觉得“云里雾里”，抓不住重点。比如，请大家比较一下下面两句话：

- “这份合同，在营销战略上是不可或缺的。”
- “这份合同，对于我们打赢这场销售之战是不可或缺的。”

虽然只是含义上有一点差别，但后者的表达方式更让人有紧迫感。

“战略”这个词很华美，大家喜欢使用，但如果措辞和现实情况过于脱节，词语就失去了它的意义。

经营者尽量不要过度依赖“战略”这个词，使用员工容易接受、理解的词语表达是将战略落实到具体实践计划中的关键。

13 管理者必须理解报表数据

我每次接受帮助亏损企业扭亏为盈的挑战时，一定会花费好几日的工夫来仔细审核决算书、财务报表，并进行分析，以期找出亏损的真正原因。

赤字不断增加必有一定的原因。比如，资产负债表和利润表就是集中表示企业健康与否的“两个指标”。大家若能读懂这些表格，就能准确找到企业的病灶病根。

但很多管理者对上面的数字一窍不通。其结果就是，企业的病灶病根还没找到，赤字又继续膨胀，导致企业陷入一个恶性循环。我见过很多这样的例子。

很多管理者把目标只盯在毛利和经常性净利润上。

企业不存在难以解决的问题，销售额上升，且能顺利产生利润，这是企业正常的运行、发展状态。但是，管理层如果只关注企业市场份额缩小，竞争力减弱，销售额下降这些表面现象的话，所产生的后果对企业来说可能会是致命的。

比如，在利润表上，无论销售额怎么增加，若赊款无法回收，那么销售额都不能计入收入。所以，企业一定要想办法减少销售债券金额、缩短赊款回收周期，否则企业无法恢复正常发展。

若一味地为了降低生产成本而加大生产量，这会导致产品库存期变长，销售资金回收慢，最终产品成为不良库存，造成财务压力。

企业收益和财务状况关系密切，若只有一方恢复正常，则对改变企业亏损状况意义不大。

我会在第 3 章详细说明收益和财务的关系。企业发展特点的强化，需要我们从财务角度看待利润表。

无论患者多么明白医生给出的诊断建议的意义，如果患者自己对病情毫不关心的话，能治愈的病也会无法治疗。

相反，企业员工只要齐心协力，明白报表数据的含义，努力改进，那么3个月内扭亏为盈是完全可能的。

14
要一直思考如何活下去

企业在发展过程中，一定会遇到内外经营环境的变化。企业必须不断解决遇到的各种经营问题。

企业若想不断战胜遇到的困难，在险恶商海中乘风破浪，就必须能解决各种问题。这也可以说是“企业长盛不衰的秘诀”。

我在过去 50 年间接触过 500 多家稳定盈利的企业，它们都有一个共同点：**管理者和员工思考的不是“如何扩张企业”，而是“如何让企业生存下去”。**

对于一家企业而言，想要生存发展，有这 3 个选项：**继续发展企业，放弃企业，转让企业。**

若想继续发展企业，企业就必须在市场中胜出。

深知这一点的盈利企业，会考虑如何在短期、中期、长期内巩固企业的市场地位，持续创造利润。

企业一旦陷入赤字，就要尽快扭亏为盈。只要不做触碰法律红线的事情，我们采用什么样的经营手段都可以。

总之，只有一直考虑如何生存的企业才能常胜不败。

企业应在效益好时不骄傲，效益不好时全力以赴去创造利润。这听起来似乎理所当然，但需要我们有极大的魄力才能做到。

长盛不衰的企业的管理层和员工就有这样的“热情”“热忱”和“执着”。这也是效益好的企业和亏损企业的本质差别。

15
有备无患，丰田社长的经营奥秘

一说到效益好的企业的代表，很多人首先想到的会是汽车生产厂商丰田公司吧。

我想很多人对丰田的印象就是一家发展非常稳定的大企业。但丰田的发展也不是一帆风顺。现在的丰田，也曾遇到过很多商业难关。

在丰田悠久的发展史上，第一个非丰田家族出身而当了社长的人叫石田退三。

1950 年，石田退三就任丰田社长。这个时期的日本，因被美国占领而引发财政紧缩，处于水深火热中。经济不景气，丰田汽车的销售也低迷，负债 10 亿日元，企业的生存危在旦夕。后来，石田退三敏锐地抓住了时机，从美国军方那里获得了生产军用卡车的订单。从就任社长起，石田退三仅仅用了 1 年时间就打赢了这场翻身仗。

石田退三有两句话送给其后继者丰田英二：

- “自己的城堡需要自己守卫。”
- “要坚定不移地强化财务管理，做到即便遇到经营危机，企业也能坚守 4 年。”

现在的丰田，就有一个被称为“丰田银行”的内部部门，其优秀的财务分析系统帮助丰田战胜了其后的几次危机。

不要天真地以为只有丰田这样的大企业才能做到这一点。**对于所有企业而言，最重要的是管理层和员工平日里有没有危机意识。**我们不知道危机什么时候到来，即便危机结束，也无法预测下一次危机什么时候出现。

企业管理层应该有忧患意识，做好遇到危机仍可保全企业的准备。每名员工都要和管理层一条心，要有危机意识。

能从容面对危机的态度，是企业长盛不衰的基石。

16
想要“回报社会”，企业持续发展的隐形动力

我想可能很多人都知道印度有一家拥有超过140年历史的企业塔塔（TATA）。

塔塔创立于1868年，现在算得上是世界一流的大型跨国企业。

在19世纪初英国殖民统治最鼎盛的时期，塔塔已经进军炼铁行业，打下了企业发展的坚实基础。另外，塔塔还率先提倡彻底消除殖民地的宗主国恶习，增强民族自豪感。

现在的塔塔已发展成拥有45万员工的印度最大的企业集团，是受到国内外盛赞的、“受国民尊敬的企业”。

我曾访问过塔塔总部。接见我的是时任塔塔法务部部长兼总裁秘书沙雷什·拉贾德亚库沙，他讲的一番话，让我记忆犹新。

“塔塔有明确的企业经营理念，按照严格的伦理规范开展业务，利润的很大一部分用于回报社会，这是我们的企业信念。”

“在此基础上，我们不断思考4个问题：‘企业是什么？’‘企业的目标是什么？’‘企业最重视的是什么？’‘何为企业家的思维？’”

我发现很多老牌企业能不断取得发展，原因就是他们的发展目标不是“为社会作贡献”，而是坚持“回报社会”。

我们常常能看到一些企业高调张扬，假装“为社会作贡献”。其实，无论企业规模大小如何，真正的老牌企业始终坚持“利润回报社会”的企业文化，并在此宗旨下开展业务。

第 3 章
3 个月必须实现盈利

企业若想生存，必须持续地创造利润。不管出于什么原因，亏损总是不好的。每家亏损企业出现亏损的原因都不尽相同，想要铲除病根，管理层必须能读懂相关数据。

因此，从社长到每一位员工，都要关注数据，擅长分析数据。

本章将介绍我在挽救企业的一线工作中最常用的观察、运用数据的方法。

17
企业财务管理不足的6个表现

企业出现亏损的原因一定不是唯一的。经营能力、有利于企业发展的计划施行能力、创造富有竞争力产品的生产能力、良好的服务能力、强有力的销售能力，这些要素构成的“企业能力”一旦下降，就会引发各种要素错综复杂地相互作用，从而导致亏损。企业亏损的具体原因虽然千差万别，但所有亏损企业都有一个共同之处：**持续创造利润、激发企业活力的能力不足，也就是管理收益和财务的能力不行。**

假设一家企业的产品竞争力弱，新产品上市又遥遥无期，照此下去，销售额一定会下降，出现亏损，直到新产品上市销售额才会上升。但是，如果能减少造成销售额下降的一部分支出，就有可能避免亏损。看似是企业竞争力下降导致亏损，但欠缺**“收益管理能力”才是最根本的原因。**

此外，还有些企业表面看起来销售额正常，但不知为何也出现了亏损。这些企业出现亏损大多是因为收益和财务管理方面出现了问题。账面上看起来销售额正常，但因为企业借款增多且没有及时催缴销售赊账货款，导致财务没有现金。再或者虽然现金流正常，企业却没有偿还借款，而是投资购置了新设备。

一旦出现这种财务恶性循环，不管销售额怎么增加，企业都难以摆脱亏损的困境。

那么，收益和财务管理能力弱的企业有什么表现呢？

请大家看一下下面这个自查表。

企业财务管理不足的6个表现

☐ 亏损部门一直被保留

☐ 各种财务报表不向员工公开

☐ 员工（尤其是管理层）看不懂决算表

☐ 母公司是大企业

☐ 不担心薪资问题

☐ 经费虽设定了上限，但实际使用依旧毫无节制（没有关于经费使用的详细规定）

收益和财务管理差的企业，首先是因为管理层对数字不敏感，有时完全不考虑决算问题。决算表可谓管理层的信息簿，本应受到格外关注，但目光短浅的管理层，一发现亏损就会阵脚大乱。

管理层不看决算表，就好比人不知道自己的短板在哪，不正视决算问题意味着管理层不了解哪个部门利润低、拖企业发展的后腿。或者管理层即便意识到了问题，但一味地逃避现实因而不采取任何对策，期待依靠时间来解决一切问题。

管理层这样的态度，也会被员工看在眼里，可能会导致整个企业的“不作为”，甚至会造成企业组织的“腐化”。比如，员工们会认为个人经手的经费在企业总成本中微乎其微，个人工作偷懒也不会造成销售额大幅下降。但是，如果一味地放任这些可能导致企业亏损的小动作，就可能导致陋习习惯化，并扩散蔓延腐蚀整个企业，继而导致企业出现亏损。

企业出现亏损的过程就和我们出现生活习惯病的过程一样。人们一般认为生活习惯病是由于缺乏运动和饮食不均衡引发的。当然，一天不运动并不会突然引发动脉硬化，也不会因为一次暴饮暴食就引发糖尿病。只是，像“这点小事没关系”，这样的粗心大意，也会让运动不足和不均衡的饮食生活成为习惯病，继而影响人全身系统的健康。

亏损也是这样。“用这点经费没关系”“这个月达不成销售目标也没问题”，**这样的侥幸想法一旦日积月累，就会造成企业收益能力和财务能力下降，导致企业逐渐亏损。**

即便你的企业现在盈利，你也不能高枕无忧。如果出现收益能力或财务能力下降的情况，你就要提高警惕，不要让问题演变为陋习，导致企业亏损落败。

18
根据报表数据做经营微调整

各行各业都出现市场萎缩，企业间竞争日益激烈，为了不断创收，企业需提高本身“业绩管理能力”。为此，**管理层需要具有“经营微调整”的理念。**经营微调整是我自创的术语。它的内容简而言之，就是指在千变万化、前路莫测的经营环境中，如果销售额下降，为了确保利润，企业应适当增减预算，削减费用。企业在经营过程中也需要经常性地调整数据。

企业要想实现经营微调整，学会灵活利用会计手段极为重要。很多日本企业，在经营中考虑到合理纳税的需求，主要采用税务会计。事实上，我经手过的很多亏损企业也认为会计只负责纳税，而没有把会计作为管理经营的工具，欠缺“会计管理”意识。

我多次说过，当今时代变幻莫测，要求企业管理层具有“应对变化的能力”。**企业管理层要做到不焦虑、不慌张、不虚荣，还要有应对意外情况的心理准备。**管理层要仔细留意时刻变化的数据信息，关注销售额和成本费用支出的平衡关系、成本变化对销售额的影响等。

经营微调整能通过调节相关数据来应对以上问题，也是战胜危机的强有力的武器。

19
社长要有察觉“异常数据”的能力

我为什么能成功挽救约 2 000 家企业呢？原因其实很简单，**因为我读懂了显示企业运行状况的“资产负债表”“利润表”和“现金流量表”。**

就是这么简单的事情，很多亏损企业的管理层却无视这“3 本病例”中的数据，无法发现企业的问题所在，导致亏损不断恶化。

关于如何解读各种财务报表，大家可以参考专业书籍资料，在这里我想告诉大家的是，要有关注财务报表的态度。

很多管理层都只关注、分析企业短期内的报表，才导致没有发现细微之处的异常数据。

其实这也不无原因。如前所述，大部分日本企业，关于会计、财务，推行的是计算税金的税务会计，而非采用详细管理销售额的管理会计。因此，实际上管理层在做决定时更多参考的是短期报表或年度会计决算说明书。

管理会计能灵敏地反映经营活动中的变化和异常倾向。因此，真正的企业经营中应当重视、分析管理会计反映出来的信息，进而采取措施。我认为**要想了解一家企业的状况，应详细分析企业 3 ～ 5 年的各类财务报表。**

“敏锐感知变化和异常数据的能力”是管理层领导能力的基础之一。针对异常数据，管理层若真能深入分析其原因，就能发现隐藏在数据表面下的不必要经费支出。这一旦形成习惯，企业管理者就具有了摆脱危机的能力。

20 报表中隐藏着大幅削减成本的机会

陷入亏损的企业和部门，一定存在一些管理层没有察觉到的不必要支出。这些不必要支出能否被找到，是能否降低成本的关键。

核对资产负债表，是找到不必要支出的有效办法。资产负债表反映了资产、负债、现金流等信息情况，代表了企业的运行状况。用人体比拟的话，资产负债表好比是人的血压、血糖值。管理层能搞清楚其中数据的含义，就能提高他们科学管理企业的意识，一旦发现问题，就能快速采取对策。

从削减成本的角度来看，资产负债表中最重要的核对项目是“应收账款”一项。核对时，大家一定要计算好应收账款的回收期限，确保数据正确。同时还要确认有无无法回收的应收账款，有无填塞分销行为。

应收账款分为正规应收账款和非正规应收账款。正规应收账款不用解释，指的是正常交易买卖中产生的应收账款。与此相反**“非正规应收账款”指的是为了美化结算而计入的，并不是通过真实交易产生的应收账款。**

亏损企业害怕金融机构不提供新的融资，或是已有的融资被终止，才会虚假统计虚拟的应收账款。前面我说过，我在查看财务报表时会追溯之前5年的报表，最大的原因就是避免漏掉虚假交易。

我举个具体的例子。比如，一家批发企业采用3个月结算方式，我们就应该找出近5年每年第一季度的月销售额报表看一看。我们发现随着亏损加剧，每到统计结算之前，销售额就显著增加。虽然商品的销售会受季节因素的影响，但这也可能是账面上做了填塞分销销售等虚假的销售额记账。因此账面上看不到销售额回收预期，或回收期不断延长。

应收账款如果通过票据回收，那么一旦交易对方出现经营亏损，回收账款就只能延长票据期限。万一亏损企业遇到这种情况，无期限延期的应收账款只能作为无法回收的债权资产计为亏损。**企业明知应收账款回收无望，还轻易同意对方用票据延期的支付方式，只会导致回收期限无限期延长，加快损失表面化。**

有几个方法可以缩短账款回收期。首先**企业不要做虚假销售账**。管理层一旦企图采用蒙混一时的不正当方式，其恶果是资金恶化问题更容易暴露。

关于正常的应收账款，也应尽可能不让对方延期付款，这可以是交易的先决条件，因为这事关账款能否正常回收。若和客户一直保持合作关系，或许双方可能比较不容易协商一个最合理的回收期限。管理层不能把关于支付方式的交涉谈判都交由业务员负责。若管理层不亲自和对方洽谈、达成一致意见，那么扭亏为盈可能也难以实现。

我负责拯救亏损企业尼康－依视路时，就任社长后我做了一次调查，发现该企业应收账款的回收期限为 175 天，也就是从账面记账销售额到回收账款到账需要 6 个月左右，这是极其异常的数字。

这一数字，到我卸任社长一职时，已经缩减到了35天。我不仅大大缩短了应收账款回收期，还把回收账款用于偿还金融机构贷款。其结果就是这家亏损巨大的企业，在短时间内逆转实现无借贷经营。

企业若想摆脱危机，就无法避免解决现金流的问题。所以请大家一定确认自己企业的应收账款情况。

21
规制总量，设定有难度的成本压缩目标

在商业活动中，我们可以从以下 3 个方面考虑通过压缩成本实现扭亏为盈：

- **人工费；**
- **生产成本（进货成本）；**
- **除此以外的营业费、一般管理费。**

请不要误解，不是一定要按照这个顺序压缩成本。压缩成本是扭亏为盈最快速有效的手段，一定不要忽略这一点。**但这也并不意味着一开始就要裁员，从压缩员工薪资着手压缩生产或进货成本更是断章取义的做法。**企业、事业部门主要盈利业务需要的必要成本也不能压缩。

我的经验是，可以压缩的成本包括很多方面。**不要以牺牲利润进行成本压缩，这也是提高企业收益能力的铁则。**

那么，企业应该怎样进行成本压缩呢？我介绍两个方法。

先介绍第一个方法——“规制总量”。

假设我们必须节省一个月的餐费。“今天吃牛肉盖饭，明天不吃午饭，后天……”这样的计划，你觉得如何？

可能很多人会感到这样做很有压力而中途放弃吧。

我们可以确定好最初一个月的餐费支出预算，在这个预算范围内不断尝试调整，可以自己选择菜单，这样才能顺利削减餐费。

不去管每个项目的量（额），只要求总量（总额）不超过最初制定的数额的方法就叫作“规制总量”。

从企业压缩成本的角度讲，“具体方法交给现场掌握，只需要告诉他们在其业务范围内压缩”即可。

规制总量的好处在于能做到尊重一线工作人员的意愿、想法。比如，“这笔经费直接关系到利润产生，不能压缩”“增加设备投资以便压缩营运成本”，这些都是一线人员苦心思考后做出的判断。规制总量既能调动一线工作人员的创造性，也能保护一些只有一线工作人员才能做的绝妙提案。这比起管理层面的硬性介入，反而更能高效压缩成本。

压缩成本的数值目标，应该最少设定在10%以上。因为成本压缩控制在5%左右的话，只会让客户小小难受一下而已，是比较容易达成的。这种“有人忍受一下”就能过去的压缩成本，无法改变长久以来的支出模式。只有结构改革，才能实现谁都不用勉强接受的成本压缩，才能从根本上改变企业资金结构。因此我们一定要设定一个不太容易达到的成本压缩数值目标，而不是沿袭或稍加改变旧习。

我的经验表明，**若将成本压缩的目标数值设定小于10%，大家就容易产生“小幅成本压缩什么时候都可以”的意识，反而难以达成成本压缩目标。倒不如设定10%以上有困难度的压缩目标数值。**事实上，有难度的目标更能让一线员工认真对待，努力想办法压缩成本，从而达成目标的例子更多。但如果设定的目标数值遥不可及以致难以达成，则员工的积极主动性会极大受挫。

因此，设定什么样的目标，可以说非常考验管理层的管理水平。

下面，我具体说明企业进行成本压缩的第二个方法——“零基础预算管理”。

22
不以上年预算额度为依据定新年预算

一到年末，城市里就开始道路施工。其原因在于政府部门有规定：当年的道路施工预算必须全部使用完，才能获得来年的预算。为了确保来年的预算，施工单位会毫无意义地反复挖掘道路、浪费人力物力。如此一来，国家、地方政府就难以避免地陷入财政困难。

企业也有这种情况。企业预算一般在前一年实际金额的基础上决定。因此，前一年实际使用经费多的部门或项目在下一年也会得到相对多的预算分配。而且，即便前一年花费了相当多的不必要经费，相关部门也不会受到任何审查，下一年还会得到相应多的经费分配。

“零基础预算管理”的提出就是为了避免这种情况的出现。这是美国总统吉米·卡特（Jimmy Carter）在担任佐治亚州州长时推行的预算管理法：**前一年的预算统统清零，从**

零开始给各部门、各项目分配经费。如此一来，即便前一年出现了不必要的花费，按这种方法，也要再一次精算经费、从零规划，所以不用担心重复出现支出浪费的情况。从经费使用方法来看，利用零基础预算管理不会简单地只为了确保下一期的预算而强行使用完当年预算。如此一来，也能减少、避免恶意浪费。因为企业对必要的支出都做了很好的预算，所以对于销售也不会造成不好的影响，相应地不必要的支出就能削减，因此提高了企业收益能力。

我接手尼康－依视路公司后，成功导入“规制总量”“零基础预算管理”两种管理办法的结果就是制造部门实现了20% 的成本压缩，销售和一般管理部门实现了 30% 的成本压缩。

如果你的企业推行了各种办法以期压缩成本，但效果始终不明显。那么，我建议管理层一定要试用一下这两种方法。

23
警惕突然改变支付方式的客户

种种不确定性因素的叠加导致了经济不景气，销售和利润减少引发企业资金链恶化，这是企业面临的最大问题。这将导致今后不断有企业走向倒闭。

这样的时代要求我们在交易时要了解对方的财务状况。客户的企业一旦倒闭，应收账款就收不回来，自己的企业就会遭受重大损失。

倒闭，简单来说就是企业没钱，得不到融资。即便商品销售不出去，只要有钱企业也不会倒闭。**我们若想搞清楚客户的企业会不会倒闭，了解对方的现金流状况就格外重要。**一般从支付方式上来看，企业使用票据的比率越高，倒闭的可能性越大。企业是因为没有现金才尽可能地延期支付，因而使用票据支付。

这样可能出现票据的支付期限不断延长的情况，从60天到90天，从90天到120天，从120天到150天。如果客户要求用票据支付，就可能会出现这种情况，**请大家一定注意避免使用票据交易。**

还有一种情况与此相反，也要加以注意。交易以票据结算，如果6个月内申请过两次不结算，银行就会取消交易。银行一旦取消交易，那么该账户的现金交易以及借款交易两年之内都无法进行。这也是事实上的企业倒闭。为了避免出现这种情况，有的企业将支付形式从票据结算改为现金结算。**现金结算的话，交易双方可以交涉支付期限，万一交涉不顺利也不会拒付票据。**

无论怎样，支付方式突然改变几乎可以表明对方的现金流出现了问题。

24
客户资金链恶化的 5 个细节征兆

客户资金链恶化的信号，除了表现在支付方式等结算相关形式上，还有别的端倪可见。比如，资金链一旦恶化，企业间的“同行交易”就会增加。

“同行交易”就是批发业者之间的交易，一般在同行间调配货物时发生。由于这比一般交易更容易操作，所以资金出现问题的企业会更愿意利用同行交易，导致交易中同行交易的比例不断增加。

即便经常使用同行交易的客户，也不愿意和资金出现问题的企业做交易。因为问题企业的口碑早已在业内传遍，所以同行交易急剧减少的企业可能面临倒闭。

另外，**通过观察客户办公室里经营者或会计负责人在不在岗，也能反映出企业资金状况的好坏。**如果平日总看不到企业经营者和会计负责人待在企业里，一种可能是他们都奔波在外筹措资金。你不要不好意思，一定要打听一下经营者在哪，如果其员工含糊其词甚至一无所知，可以说企业资金循环不良的可能性更高。

相反，如果你在客户那里看到一些平日里见不到的人时，也要加以注意。一旦企业借高利贷或是经营者个人借款筹措资金，那些债权催收人员、债务整理人员、中介人等就会在公司内进进出出。以前，那些放贷的人一眼就能看出来，但现在他们都装扮成普通员工，不太好分辨。你最好也要在员工那里做些调查，搞清楚他们的真实身份为好。

购买你企业滞销商品的客户也很危险。商品滞销意味着商品没有价值。但客户若订购你家的滞销商品，可能是因为从别家企业买不到该商品才出此下策。

如果你的企业突然接到一家从没打过交道的企业的大订单，交易的潜在危险在于该企业可能计划破产或诈骗订购。诈骗订购是指先收货，再拒付赊账货款的欺诈行为。最近，他们的手段很高明，他们会先从小笔交易开始，在取得对方企业的信任后，再在大额交易中进行诈骗。这样的例子越来越多。对于新客户，企业一定要注意做对方的信用调查，这非常重要。

判断一家企业是否有倒闭风险，企业管理层最终依赖的只能是自己的判断，而能做出这样的判断又有赖于平常多注意观察客户的日常情况。

回顾企业的倒闭过程，常常会有让销售人员觉得不对劲的地方。能不能事先察觉到这些疑点，全依赖于销售人员平日的观察力。销售人员若想真正了解企业倒闭的苗头，交易过程中就不要通过电话、邮件联系，要多亲自去客户那里，面对面地和客户的业务员进行交流，积极努力地获取信息。

销售人员的任务不仅仅是提高销售额。销售人员平时要注意建立关系网，具有预知风险的能力也很重要。

25
即便是普通员工也要清楚公司经营状况

在众多财务报表中，显示财务能力的资产负债表和显示收益能力的利润表非常重要。

通过资产负债表能看到企业的资本比率、总资本利润率、速动比率。通过利润表能看出企业销售利润率、营业利润率、经常性净利率[①]。通过这些数字，我们能很快了解企业的健康状况。

因此，改善亏损状态的第一步就是让员工清楚了解这些数字的含义，让他们有危机感。

当然，即便清楚企业的运行状况，很多员工看到这些财务报表后可能还是不清楚如何与实际业务相结合。经营者如果向员工展示这些财务报表时只要求“改善”，却不说明具

---

① 常用财务指标，经常性净利率＝经常性净利润 ÷ 年销售额 ×100%。——编者注

体由谁如何改善的话，员工只会更加迷惑。

这时就需要“**战略管理会计**”思维。这是指在之前的利润表中补充和经营活动相关的战略和财务中格外重要的项目。看懂“战略管理会计”思维之后，使用何种战略提高企业活力也就一目了然。

看一下下面的战略管理会计模型的例子（表 3-1）。最上面填入市场规模、市场占有率、市场销售额、市场库存等预估值。这是以往利润表上没有的部分，这些数字在显示企业的市场战略方面非常重要。中间的项目部分和正常的利润表一样，填入相同的数字。**和以往的利润表不同的是，这些项目中必须明确写清项目负责人**。比如，纯销售一项中明确营业责任人、生产成本一项中明确生产责任人、毛利润一项中注明事业责任人，像这样利润表中要注明谁对每个项目中的数字负责及管理。

以往的利润表欠缺“责任”视角。这样容易造成员工产生“即便我不去做也总有人……”的想法。我就亲眼见过企业员工的这种表现，虽然每个企业利润表中每个项目的数字在不断恶化，但员工之间依旧互相推脱责任，继而产生了不必要的纷争。

表 3-1　战略管理会计模型示例表

<table>
<tr><th></th><th>项目</th><th>数值</th><th>责任体制</th></tr>
<tr><td rowspan="4">事业活动</td><td>市场规模</td><td></td><td rowspan="4">事业责任人</td></tr>
<tr><td>市场占有率</td><td></td></tr>
<tr><td>市场销售额</td><td></td></tr>
<tr><td>市场库存</td><td></td></tr>
<tr><td rowspan="14">PL 表（利润表）</td><td>总销售</td><td></td><td rowspan="4">营业责任人</td></tr>
<tr><td>折扣</td><td></td></tr>
<tr><td>回扣</td><td></td></tr>
<tr><td>纯销售</td><td></td></tr>
<tr><td>生产成本</td><td></td><td>生产责任人</td></tr>
<tr><td>毛利润</td><td></td><td>事业责任人</td></tr>
<tr><td>毛利润率</td><td></td><td rowspan="2">战略责任人</td></tr>
<tr><td>广告、销售推广费</td><td></td></tr>
<tr><td>销售经费</td><td></td><td>营业责任人</td></tr>
<tr><td>一般管理费</td><td></td><td>费用责任人</td></tr>
<tr><td>营业利润</td><td></td><td>事业责任人</td></tr>
<tr><td>利息</td><td></td><td rowspan="2">财务责任人</td></tr>
<tr><td>营业外收益</td><td></td></tr>
<tr><td>经常利润</td><td></td><td>事业责任人</td></tr>
<tr><td rowspan="4">BS 表（资产负债表）</td><td>应收货款期限</td><td></td><td rowspan="4">全体员工参与的 BS 表管理责任人</td></tr>
<tr><td>库存期限</td><td></td></tr>
<tr><td>资本周转次数</td><td></td></tr>
<tr><td>ROI（投资回报率）</td><td></td></tr>
</table>

在利润表中明确各个项目的责任人，也能避免各种负面因素。

利润表中最下面几栏填入反映企业活力的另一组数据：资产负债表中和收益关系最密切的项目。

我接受尼康－依视路的重组工作后，就在这个表格里列出应收货款期限、库存期限、资本周转次数、ROI（投资回报率）。做好这些项目的条目统计，也能让我们更好地在关注财务的基础上做好加强收益能力的对策探讨。比如，无论销售怎么增长，如果无法回收应收货款，这就不能说是真的销售。所以如果我们在探讨改进对策时没有考虑到销售债权金额或应收货款的回收期限，就无法做到有效恢复企业活力。再比如为了降低生产成本而加大生产量，将导致库存天数变长、出库资产周转率降低，造成不良库存，也会给财务带来压力。

收益和财务有如此密切的关系，一方恢复，另一方恶化的话，那企业改革就没有任何意义。若想从战略角度增强企业活力，很重要的一点是要把财务视角加到利润表中。

收益、财务和经营战略，这三者的有机关联是战略管理

会计最大的特点，也是其优势。

各责任者在战略管理会计的基础上分别制订业务计划，员工们该做什么也会清晰明了。

现在我以尼康－依视路的战略管理会计为例进行说明。采用战略管理会计的成功案例比较有名的就是御手洗富士夫（第6代佳能社长）带领佳能走出困境。御手洗根据库存不同，评估更新利润表中的数据，一直关注现金流，取得了重振经营的胜利。

最后一个提高战略管理会计效果的方法是**每月进行一次战略管理会计决算**。这样不仅可以彻底管理表中各项目数值，也能看到在强化收益能力对策上反映出来的经营战略因经营环境的改变而出现的改善。改进的效果我们未必能立刻看到，但长期坚持改进一定能帮助企业摆脱亏损。

第 4 章 生产商品并销售出去是商业之本

企业生产商品并能销售出去是商业的本质。想重新建立完备的经营环境，如何实现商业本质成为问题的关键。这就要求企业必须不断增强企业规划能力和市场销售能力。对于企业而言，经营环境变差带来的最大课题是顾客减少，导致销售下降，企业利润降低。

在本章，我将讲一讲如何遏制销售额下降，如何提高企业规划能力和市场销售能力，实现利润增长。

26 好的企业规划来自科学方法，而不靠灵光一现

大家可能都有过这样的经历：明明是个很好的企业规划，执行后却完全没给企业带来利润。在现在严酷的经营环境中，面对这种情况我们一定不能放任不管。

企业没有“好的商品”就无法在竞争中取胜。

企业规划负责人或团队应当设计符合现实情况的规划方案。**企业规划立案不是简单的工作，不能只依靠“灵光一现”“突发奇想”，而是需要扎实的逻辑思维和会计知识。**

即便是主意多、创造力强的人也未必能做出很好的企业规划方案。

相反，无论什么人，只要能理解我下面要谈的“企业规划立案要领”，就能制定出富有成效的企业规划。

社长和企业规划部门负责人，要让员工理解这一点，以此激励他们提高企业规划能力。企业通过这种“强化企业规划能力的管理”，推进能创造成效的强有力的企业规划团队建设，也是应对危机的一项重要工作内容。

27
优秀企业规划的 7 个关键点

一说到“企业规划”，很多人会想到“企业规划的好坏决定项目的成败”。其实，**企业规划立案时最重要的是我们要具有“经营活动能创造多少利润”的意识。**在企业中企业规划管理和管理经营没有太大的差别。下面介绍在企业规划立案时，我一直非常看重的 7 个关键点：

① **背景、经过；**

② **课题的现状；**

③ **课题改善的可能性；**

④ **目标；**

⑤ **达成目标的行动计划；**

⑥ **经济性；**

⑦ **对其他方面的影响。**

这7点按照企业规划立案时的步骤顺序排列。

先是收集信息，把握现状（①）。从①中找出课题及可以改善之处（②、③），从可以改进之处锁定目标（④），制订达成目标的计划（⑤）。其中，我们还要论证这样做能给企业带来多少利润（⑥），同时存在多少风险（⑦）。

一说到企业规划立案，很多人只想到这其中的⑤达成目标的行动计划，但**欠缺①～⑦完整步骤的企业规划，都只不过是想法而已。**

假设有一个企业规划方案想推出一款畅销品，但如果同一家企业里已经有一款类似商品占据绝对优势的市场份额，那么就没有必要再投入相似商品。但如果仍有人向上司提交了一份这样的企业规划方案，这就是因为①和②包含的分析现状、锁定课题的过程被省略了。

即便有一份一定会创造畅销品的企业规划方案，但如果这个企业规划方案设计的投资过大，只有资金雄厚的大企业才能做到，而一家中小企业的下属员工却向上司提交了一份这样的企业规划方案，这就是因为⑥的经济性没有被验证。

那么如何向下属员工贯彻这份企业规划立案步骤呢？

最简单的就是建议下属员工按照下页展示的 7 个步骤格式，制定企业规划。

从①开始，按照①～⑦的步骤格式制定企业规划，就不会出现漏掉某一步的情况。

无论是商品企业规划，还是营销企业规划，只要按照这 7 个步骤制定，企业规划才具有价值（图 4-1）。不仅要向自己的下属员工传递这一思想，更要让整个企业的所有员工都知晓这一点，这样企业的企业规划能力将会惊人地提高。

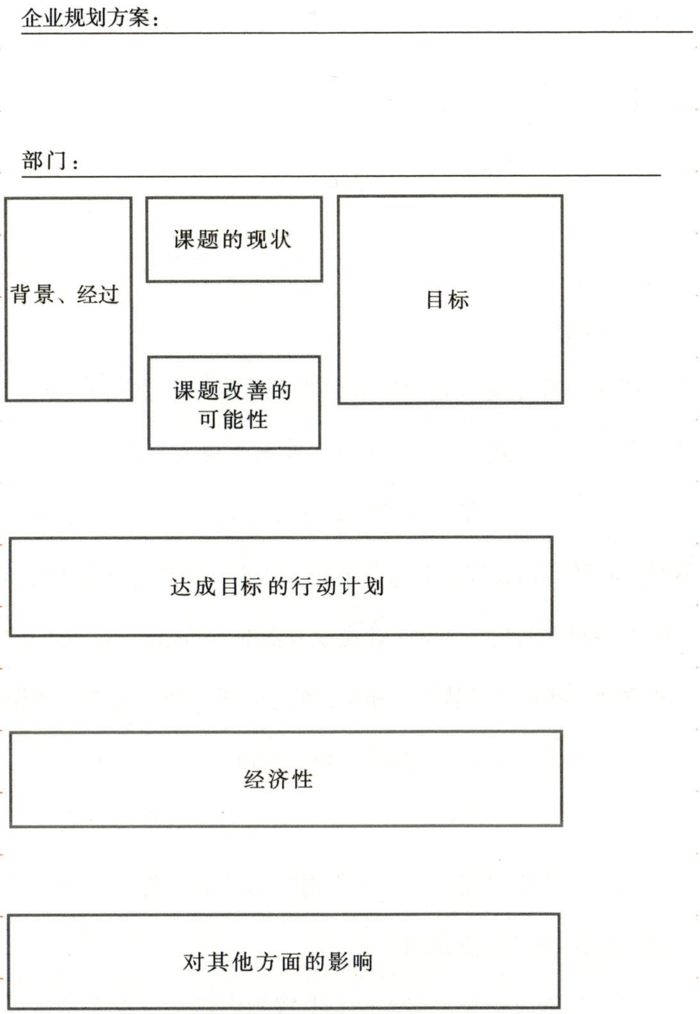

图 4-1　企业规划立案格式示例图

28
欠缺经济考量的企业规划方案如同“纸上画饼”

企业经营者或是一线领导，对于下属员工提出的企业规划应该如何做出判断呢？

这也是在企业规划管理方面非常重要的一点。这一判断基准多种多样，**我比较重视的是提案者本身的“品质”。**若是下属员工亲身全程参与企业规划开发过程，对企业规划方案熟烂于心的话，我基本上都会同意。另外，如果企业规划负责人能立刻回答出我问到的企业规划方案细节问题，那么他们的企业规划，我也比较认可。相反，对于回答“这个以后我再调查”的下属员工，我会认为其对企业规划方案的热情不足。

“热情”听起来像精神论调，但其实并不然。这是我的经验之谈，**热情不足的下属员工提交的企业规划，一般都不成熟，一定存在某些漏洞。**

当然我不仅看重提案人，企业规划内容本身也很重要。

对企业规划方案做出判断，这要求管理层人员自己能够熟练掌握刚才介绍的①～⑦的企业规划立案步骤。

能判断、审核企业规划的好坏，前提条件是审核者本身就是一名优秀的企业规划者。这其中，**管理层应该重视的是关于⑥经济性的论证**。我在日企和其他国家的企业都做过企业规划立案，在日企只要企业规划创意好且之前有做过类似的案例，那么企业规划就会比较容易获得通过、得到认可。相反，在我工作过的外资企业中，每个企业规划都要做PL表（利润表）。比起企业规划构思是否有新意，我的上司更看重企业规划方案的经济性，他们会反复多次论证。**无论是提出企业规划方案的人，还是审核企业规划的人，讨论的焦点总是"什么时候能看到利润"的问题。**

利润是企业事业持续发展的源泉。前面也提到过，管理企业规划和管理经营没有太大区别。

一个想法发展成为企业规划方案，很多人会关心企业规划的内容，但最重要的是**人应该具有"企业规划方案能为企业带来多大的利润"的态度。**

29 企业规划信息九成来自内部，一成来自消费者

在企业规划立案、审核企业规划时，不同的利用方法，可以让“信息”成为企业规划成功的助力。

公司内部累积的销售实际业绩、顾客信息都可以成为企业规划构思的基础，也可以成为证明企业规划经济性的重要数据。

其实，支撑企业规划的九成信息，可以说都躺在企业的文件夹里。只是，需要注意的一点是，这些信息、数据，说到底都只是过去的积累。分析过去的数据，从中读取有用部分，预测将来大致的发展蓝图是完全可能的。但市场是活的、变化的，有时会和过去产生微妙的差异，发生预想不到的变化。没有人能准确无误地做出预测。

这时起作用的就是剩余的那一成信息，也就是**现场调**

查。比如，一个新产品的创意，策划人要考虑现在的消费者想的是什么，什么样的价格区间最能激发消费者的购买欲望……

只要把“现在的信息”融入具体的项目企业规划中，那么企业规划的成功率就会提高。

当然很多企业都是做了市场调查的。不过很多调查只在企业规划立案的最初阶段进行过，调查对象也只针对自己企业的客户。比较理想的情况是，尽可能根据企业规划推进情况多做几次现场调查，调整企业规划推进方向，并及时将市场变化体现在企业规划中。**在充分分析企业积累的大数据后确定企业发展的大致战略，并根据最新的市场调查微调企业规划**。这是活用信息、管理企业规划工作的基本态度。

30
绝大部分管理问题可通过市场营销解决

提高企业组织力的一个重要手段是维持、强化企业为生存而战的竞争力。简单来说，就是企业在组织中贯彻“顾客为上”的哲学理念，要有坚定的“生产有竞争力的产品”的企业文化。我前面讲过的增强企业规划能力的管理也是其中的因素之一。

提高企业组织力的另一个重要因素是“市场营销”。

关于市场营销，管理学家彼得·德鲁克说过下面这段话。

“只有市场营销才是企业生存能力的根本，企业其他的职能都不过是支撑市场营销的职能”。

一说到市场营销，很多人有种误解，认为那是具有专业知识的一部分员工、团队负责的工作。

其实下列问题都可以通过市场营销来解决：

- **想改善销售额下降的趋势；**
- **想退出无利可图的业务；**
- **想强化产品竞争力；**
- **想提高盈利能力；**
- **想加强价格竞争力；**
- **想增强财务能力；**
- **想提高市场地位；**
- **想重组分销渠道；**
- **想加强技术能力；**
- **想加快业务发展速度；**
- **想进军其他行业。**

现在，大家能看出市场营销并不只是一部分人的工作了吧。我在后面再讲详细内容，请大家先记住市场营销应该是全体成员齐心协力做的事情。

彼得·德鲁克还说：“**我期待管理者以创造力和理性思**

维为基础，拥有不断改变现状的意志。”

为了认真应对消费者日益变化的消费心理，市场营销的出发点应该是“比谁都了解消费者的需求”。

产品卖不出去是因为顾客不买，还是因为企业生产的是卖不出去的产品？

企业只要不断自我反省，勇敢地不断挑战自我，就一定会找到生存发展之道。

31 九成管理者不知道“市场营销”的真正含义

我每次给商务人士做讲座，一定会问到下面这个问题。

“大家认为什么是市场营销？”

这个问题我问了50年，得到的回答也千差万别：“为消费者提供他们需要的产品”“活用广告让大家了解产品”“思考如何将产品送到顾客身边”。

以前，我公司有7位在美国取得MBA（工商管理硕士）学位后回国的同事。我也问了他们相同的问题，遗憾的是没有一个人回答正确，甚至还有一个人给出了菲利普·科特勒（Philip Kotler）教授的定义。

毫不客气地说，很多商务人士嘴上说着“市场营销很重要”，但他们并不理解市场的真正含义，回答显得避重就轻。

市场营销这一经营手段，大约80年前从美国传入日本。

虽然这种经营手段历史不算短，但市场营销的定义一直没有确定下来。

那么，市场营销到底是什么呢？

一言以蔽之，就是：

- **企业生存的竞争力理论；**
- **能够在市场中胜出、有竞争力的经营手段。**

这里我们稍稍回顾一下市场营销的历史。

1929 年发生的世界经济大萧条是市场营销理论诞生的契机。当时的美国经济出现大混乱。尤其因为市场需求缩小，导致企业业绩不断恶化、最终倒闭。

当时的美国企业都不知道该如何在那种严酷的时代环境中存活下去。“市场营销”的思维应运而生。可以说，**市场营销就是企业为了生存，为了让自己的“产品”能战胜竞争对手的“产品”，为了提高企业竞争能力而产生的。**

第二次世界大战后不久，这一企业发展理念就传到了日本。第二次世界大战中日本战败，百业待兴。在这种情况下，民间组织日本生产性本部（JPC）开始考虑“如何让日本再次站立起来”的问题，为此他们派遣了研究团队去学习美国的经营手法。这支派遣团队带回来的就是“市场营销”的经营手法。

这个事实告诉我们，**市场营销也可以被视作“摆脱危机的方法”。**

为了企业在经营环境严峻的时代存活下去，现在请再一次认真理解市场营销的真正含义，并加以活学活用。**创造企业竞争力，持续创造企业利润，这才是企业经营者、管理层必须武装在头脑中的真理。**

下面，我介绍不同经济组织对市场营销的定义，请大家记好。

美国市场营销协会（AMA）的定义

市场营销是向顾客、委托人、合作伙伴、全社会提供有价值的东西，是服务、创造、传递、配送、交换的完整活动环节。它是一系列制度，是一个过程。

日本市场营销协会（JMA）的定义

企业以及其他组织基于全球化视角，在和顾客互相理解的基础上，通过公平竞争进行市场创造的综合活动。

我把这些定义梳理归纳如下：

① 市场营销是企业为了在竞争中取胜，为了生存而创造的技术、方法。

② 市场营销是一种能比竞争对手的企业更好地满足消费者、顾客的不同需求，是有优势的个性化服务。

③ 为此，企业应充分调动员工积极性，开展活动以便最大限度地了解市场，掌握技术以便在竞争中获胜。

我再强调一下，很多人还没有真正理解市场营销的含义，所以请一定牢记市场营销的真正含义。

32
有机整合内部组织才能提升企业营销能力

那么，企业怎样才能提高市场营销能力呢？

简单来说，企业需要满足下面两点：

- **成为一个最了解客户需求的企业；**
- **成为能生产出客户最需要的产品的企业。**

企业若具有满足以上两个条件的能力，就意味着企业“拥有充满竞争力的市场营销能力”。

企业通过市场营销活动，建立、巩固在市场中稳固的地位，维护市场占有率，在短期、中期、长期实现最佳利润，这就是市场营销管理的理念。

为了实现这些目标，企业需要建立一个“市场营销战略机构”。听起来似乎改革一下市场营销部门就能建立这样的机构，其实并不然。**建立市场营销战略机构需要进行机构改革，以便发挥各部门的综合能力。**尤其是那些没有专门市场营销部门的企业，市场营销的成果和责任归属就容易变得模糊不清。

因此，市场营销战略机构不同于企业内已有组织，应按照产品类型和品牌，设置不同的事业部，给每个事业部安排具体责任人。各责任人在首席执行官（CEO）的许可下，借助企业内各部门的力量，对自己负责的产品群和品牌进行市场营销，以期市场份额和利润的最佳化。

简单来说，市场营销就是有机整合市场营销、销售、生产、物流、研发、质检、财务、会计、行政、人事等企业内部各组织，创造“有利于自己企业的竞争力”（表 4-1）。

各个事业部的责任人就像是分公司社长一般的存在。因此，**事业部负责人应具有能带动公司全体人员共同推进项目的能力。**

表 4-1　推进市场营销的基本结构表

市场营销	销售	生产·物流	研发	质检	职能部门（财务、会计、人事等）
事业部责任人	责任人管理各部门，确保市场营销成功				经营健全化利润责任
事业部责任人					
事业部责任人					

33
产品有竞争力的 6 个表现

拉面受欢迎由来已久。但让人感到吃惊的是，听说一些有人气的拉面馆即便地理位置不便利，有的位于距车站需要步行几十分钟的地方，却依旧门庭若市，等候吃面的顾客排起长龙。

但这并不是说只要是拉面馆就有这样的人气。即便是曾经门庭若市、人气火爆的店铺，一旦口味变差，网络上即刻差评满天飞，瞬间变得门可罗雀。在这个意义上，拉面行业可以说是最残酷的一个行业。

古往今来的消费者对于拉面的追求，都不是地理位置的便利，而是拉面的口味。如此一来，消费者不再看重“离家近”“店面有名”这样的附加价值。“口味棒”这一“本质追求”，更有分量。

就在几年之前，各行各业还都在呼吁“商品附加价值时代”的口号。比起商品原本的功能性，各企业更多地在和产品本质无关的方面追求产品或服务的个性化、差别化，追求吸引消费者眼球的功能、服务以及设计感。

但是，**现在的消费者更看重产品的质量**，会基于产品或服务本质功能的优劣辨别商家。通过附加价值吸引关注的做法如今已经行不通。现实很残酷，如今是否能生产出绝对领先于其他企业的有竞争力的产品以及是否能提供领先的服务，决定了一家企业的命运。

那么，有竞争力的产品、服务指的是什么？其特征有以下 3 点。

第一点，**产品有社会意义，能解决消费者生活中的问题。**

相反，没有竞争力的产品或服务，基本上都是缘于生产者自己的想法或为了开发者的自我满足。比如，“依靠已有积累的技术，生产 A 产品”，这些很多都是从提供产品或服务的企业方出发的生产。按照这个流程进行产品开发的话，只有等产品真正投放市场才能知道产品能否真正满足消费者的需求。这看起来似乎合理，但其实是一种近乎赌博性质的产品开发过程。

第二点，**产品回购率高。**

回头客多就意味着顾客满意度高。顾客满意度越高，口碑就越好，产品魅力越大，带来的顾客就会越来越多。小众产品和服务就不能期待有这样的效果。

第三点，**产品具有独创性。**

这也是提高企业竞争能力的重要因素。其他公司无法模仿的技术或业内具有跨时代意义的首款产品或服务，可以帮助企业在市场中建立“标准、标杆”。尤其在如今消费者不为附加价值所动的时代，能确立标杆地位的产品或服务可以说是绝对的强势。

这里所说的竞争力，是针对产品性能而言的，若从在市场中能够胜出这个角度来看，我们也不能忽视价格竞争力。除了采取高价位战略的奢侈品牌以外，相同性能的产品当然是价格低的销路更好。关于增强价格竞争力的方法，请一定参阅前面的内容。

贵公司的产品或服务真的具有不输于别家公司的竞争力吗？

下面的自查表中，如果贵公司符合的项目少，那么当务之急就是以 R&D（研发）部门为中心，集全员力量努力加强企业竞争力。

产品有竞争力的 6 个表现

- □ 很多人从自己公司的产品或服务中受益
- □ 产品能解决顾客生活上的问题
- □ 和其他公司的产品用户相比，老顾客回购率较高
- □ 开发产品的技术在申请专利
- □ 自己公司的产品、服务包含“业内首创”因素
- □ 和其他公司相比，市场价格低

第 5 章
企业成长的第一步，让员工重拾“荣誉感”

若想挽救一个负债累累的亏损企业，我们首先必须做的是“挽救人”。

每个人都有潜力成为一个成功的商人。可是，若身处一家亏损企业，员工就会丧失对工作的热情进而变得懒惰，员工的工作技能也会变生疏。

员工若没有热情，无论生产的产品多么好，无论生产成本压缩得多么彻底，企业也无法起死回生。

34
管理者要让企业目标深入人心

让员工行动起来的关键一点就是企业组织内设定的目标要合适，还要描绘出能够达成目标的规划。即便在一家亏损企业，只要经营者能建构好一个组织，能树立一个明确具体的目标，能有具体的计划实现目标，能激发员工的干劲，那么企业业绩的好转、扭亏为盈也指日可待。

为此，我们可以做到的最基本的就是每日收集信息。大家不必把收集信息想得太过复杂。

其实 90% 以上的重要经营信息都隐藏在老板身边。一般的经营者都会在月初、月末或是每周初在董事会上听取下属员工汇报遇到的问题等项目进展相关情况。但目前为止我接触过的优秀经营者都积极在公司内部走动，不光是董事会，他们还和部长、科长、组长、普通员工等不同阶层的人接触，通过他们获得关于企业每日业务成果进展的信息。

当然，**只是收集信息而不对信息加以分析，那么信息收集也就毫无意义**。分析信息并不难，我们至少要带有疑问地去看待每一条信息。一旦我们养成质疑的习惯，就能敏锐地感知到异常、变化等所谓的“异常数值”。企业经营者在日常经营管理中只要关注信息变化，自然就能感知到异常数值。如果忽视这些异常数值，就会导致业绩下降，出现赤字，陷入亏损。

另一个比较重要的一点是，根据获取的信息，管理层要告诉每一位员工他们每项业务中的数字代表着什么，**“让员工学会思考”**。为此，经营者要有意识地创造和企业各阶层员工单独交流、单独听取他们汇报的机会。

在不景气的经济环境中，想要激发员工的干劲，我们需要让员工心怀“梦想”：“我们工作是为了什么？”“实现了这个目标，你会有什么样的未来？”比如，这个梦想可以是“5 年以内上市”“目标是日本市场占有率第一”这样具体的数值目标，也可以是“每个员工都是老板”这样的企业哲学、经营理念。企业经营者若能重视这一点，并能常常提出这样的口号，那其率领的企业“经营的力量”也一定很强。

这也是我希望诸位身为管理各部门人员的管理层知晓的事情，领导力不是只依靠强硬口气发出命令就可以的。管理人员只要满怀热情地讲述企业梦想、目标，**让“梦想”深入人心，就能激励员工们自发朝梦想、目标行动。**

这才是企业能长久生存的“真正意义上的领导力”。

35
培养具有“直升机视角”的员工

人可以分为两种：能出人头地的人和拼命努力依旧看不到出头之日的人。他们的差别就在于看问题时是否具有“直升机视角”。

当我们在现场工作，需要确认现场整体情况时，我们会像直升机那样一下子升高高度，扩大视野来观察。在统揽全局过程中如果需要观测现场具体情况时，我们要垂直下降高度，走最短距离到达现场。这就是说，**我们根据需要或俯瞰工作全局，或是聚焦具体情形，能如此自由自在转换工作视角的人，我称其为“具有直升机视角的人才”。**

比如，你作为企业规划责任人负责管理一个项目。平时你可能身居高位，管理着全局，但一旦项目某个环节出现问题导致项目不能顺利推进时，你必须走进现场实地调查。确认完现场情况，你觉得这可能还会对其他的项目环节造成影响，这时你又需要在统筹全局后再给各个现场发出明确指示。

假设负责人没有“直升机视角”，在需要转换视角时磨磨蹭蹭，则无法做出恰当迅速的判断。

当必须聚焦现场时，负责人却模模糊糊地只看到全局。当需要统揽全局时负责人却打不开视野，造成发出的指令总是偏离目标。

为了应对随时可能发生的危机，我们需要尽可能多地培养“具有直升机视角的人才”。

为此，**很重要的一点是尽早有意识地培养员工对工作、组织的全局观。**人在集中精力做眼前的工作时比较简单，但若想从整体上把握和自己没有直接关系的工作，有必要进行一些必要的训练。比如，一个销售人员应明白销量的变化对生产线、库存管理的影响；订单时间点的不同会给财务方面带来哪些变化。若是行政事务工作人员，要搞明白延迟半天处理文件，会对哪些部门哪些人的工作产生影响。

自己现在做的工作和其他部门的工作如何互相影响？在全局流程中，自己被赋予的职责是什么？让员工在工作时能意识到这些问题，如此一来，一旦员工处于管理立场时，就能瞬间做到视角的转换。

越是认真的人，越能责无旁贷地专注眼前的工作。工作中全力以赴很重要，但只埋头工作也行不通。平日注意训练员工开阔视野，不断促进他们成长，这也是经营者和各部门负责人应该做的危机管理工作。

36
重建员工对企业的信心

需要重建的企业，都有一个显而易见的共同点。这一点，只要在企业的走廊走一圈就能明白。业绩好的企业员工会大摇大摆地走在走廊中间，与此形成对比的是，业绩不良企业的员工只会垂头丧气地沿着走廊边走。

经营不善的企业的员工出勤情况，总体来说也不好。员工上班都不早，其中还有人卡着点来上班。要是大家都着急赶来上班也说得过去，但有些员工一点都不着急，迈着四方步悠哉而来。这意味着员工没有危机感。

企业员工对待工作的态度松散懈怠，也就意味着这家企业开始衰败。大家都忘掉了危机感，各自都有小算盘。如此一来，员工就会开始光说企业的不好。比如，我进入一家亏损企业之后，首先参加了那家企业的销售骨干会议，一整天大家都在诉说对企业的不满，从产品、上司，到企业制度、顾客，都是他们抱怨的对象。**究其原因，就是他们对企业失**

去了信心和荣誉感。企业利润大幅下降，员工因而对企业失去信心，开始抱怨也无可厚非。

因此我空降到一家亏损企业后，首先会做的就是改变员工意识，重建他们对企业的自豪感。一个人如果对一件事情感受不到成就感，他是不会全身心投入去做的。

这其实并非难事。我只不过把全体员工召集到一起，告诉他们“我们一起再创造一个让世人刮目相看的企业”“我们的企业要让我们的孩子感到骄傲，让我们的孩子能自豪地告诉大家‘我的爸爸妈妈在那里上班’”。我只说这些，就足以让员工们眼前一亮。

然后，我会和每个员工面谈。一开始大家面对我这样一个空降人员，都不会敞开心扉，直到谈话最后三五分钟大家才会流露真情。发觉到这一点，我会适时告诉他们“既然你知道公司出现了这些问题，那我们一起来解决吧”“既然你这么喜欢公司，那我们一起重振公司吧”，以此来寻求和他们心灵上的共鸣点。

这样的交流我会持续不断地进行，逐渐地就能让员工们找回对公司的信心。

37 让员工完成不想做但必须做的工作

企业里的工作，可以分为两种：一种是自己主动去做的工作，另一种是为了企业生存，即便勉强也要去做的工作。

后者就是身为领导，即便下属哭泣悲鸣不愿意，也要让下属必须完成的工作。**这时，社长或管理层领导的“智慧手段”就显得尤其需要。**人虽然是感性动物，但道理上说不过去的事情，别人怎么劝也绝对不会去做。因此，领导需要有“智慧手段”，来让下属明白“这必须得做”。

所以社长或管理层自己一定要清楚了解工作的目的和过程，要用理论武装自己，以便不管下属说什么，都能说服他们。这样下属才能由一开始的被逼迫，到慢慢能够主动工作。

如果经营者在重建企业的同时，能多培养企业发展的可用之人，那么企业的重建就一定能成功。

38
引导员工思考“怎么做，我们公司才能赢”

社长和各部门领导一定都收到过员工们提出的各种问题或提案。这时，我总会问员工们下面的问题：

“按你的提案做，我们公司能赢吗？”

这个问题，重复太多，我觉得听得自己耳朵都长茧子了，但也因此员工们提案的方式逐渐发生了一些改变。

慢慢地，我开始得到这样的回答：“按照这个提案，这块业务能得到改善，我们公司能赢。”**每个员工都把“我们公司能赢”这句话挂在嘴边，这形成了一种意识，形成了每个人都为公司而工作的企业文化。**

对员工的这种引导也是领导的一项工作内容。

39
危难之时，只靠理念会吃不上饭

目前在我接手的亏损企业中，有的存在很多问题，有的处在倒闭的边缘，有的已经进入银行托管阶段。总之，这些企业都面临危机，四面楚歌。

身为处于危机之中的企业经营者，必须学会区分“经营理念”和“经营目标”。众所周知，“经营理念”是经营者最基本的思考、理念和经营哲学，它是支撑企业发展的根本经营思想。“经营目标”是指在短期、中期、长期的事业发展中，为解决各阶段课题而设置的“目标”，其建立在经营理念的基础之上。

很多企业提倡“为了社会、为了人类”的经营理念，把可以实现经营理念的经营数字、商业模式建构作为经营目标。

我在指导亏损企业时，不仅明确要求在一定时间内坚决要达到经营目标，还会告诉员工**“在当下的危机解除之前，**

不要去管经营理念”。至少1年左右，我不让他们考虑太多。明天都未必能撑过去的严重亏损企业，在业绩持续恶化时，还谈什么“为了社会、为了人类”，根本无法帮助企业摆脱危机。

对于处在困境中的企业而言，最重要的是如何将事业继续下去。

企业要竭尽全力生存下去。“一定不要倒闭”“一定要让企业生存下去”，要把所有的资源集中到这一个经营目标上，想方设法恢复企业活力，为企业的生存注入力量。

如果企业不存在了，有再好的想法也无法实现。企业不倒闭，才能清除积弊，企业的振兴才指日可待，才能看清未来企业的发展理念。

对于经营者而言，在管理公司时，**越是在非常时期，越要牢记经营理念和经营目标的区别，这一点非常重要。**

在危机四伏的经营环境中，经营者只靠理念经营企业有时会吃不上饭。

能透彻理解经营理念和经营目标的区别，能区分使用二者，这也可以说是身为企业经营者的必备技能。

40
管理者构建新工作方式的5个要点

外部环境的变化不仅改变了企业的经营环境，也极大地改变了员工的工作方式。

我们过去遭遇过很多经济困境，经历过经济的盛衰轮回。我们也知道危机一定会过去，新的机会一定会到来。商务人士现在不能只闷着头过日子。**危机过后，一定会开启一个新的时代。**时代需要我们有摒弃旧做法、试用新做法、接受新变化的气概和觉悟。

办公室里的工作常态也因为外部环境的变化发生了巨大变化。远程办公已经改变了商务人士原来的出勤、办公、居家模式。今后，我们应从根本上重新认识人的工作方式。很多有先见的企业，已经开始制定新型居家办公制度管理章程。这时，**很重要的是如何建设一个“有工作价值的企业”以及企业如何存活下去。**

这不仅需要企业经营者，也需要各部门领导，也就是中级管理层具有管理能力。

那么，我们在管理企业时应该关注哪些方面呢？我觉得做好以下 5 点非常关键。

（1）明确结论

以前即便领导在会议上语言表达有些模糊不清也没关系，因为会后员工还可以互相确认核实，但这样的交流方式不适用于远程办公。因此，我们在表达观点或发言时，要注意从结论说起，务必要讲清楚，一是一，二是二。

（2）明确分工

远程办公的方式，容易出现多个人同时做一项工作的情况。此外，也会出现员工不知如何开展工作的问题。为了防止出现这样的重复浪费，明确各成员的任务分配很重要。

（3）注意工作中不要偏袒任何人

不可以让工作能力强的员工承担太多工作，从而减轻其他员工的负担。

管理层要准确把握各个员工的劳动时间、工作内容，如果已有偏颇之处，那今后一定要加倍注意。

（4）设定明确的工作目标

今后的时代，我们可能不能经常通过在线下对管理层的察言观色来知晓下一步的计划。管理层应设定明确的短期、中期目标，清楚描述实现目标的步骤，确立工作的优先顺序，并让每一个员工都知晓。

（5）设定更易懂的评价基准

新的工作模式一旦确定，不光工作成果，员工们开展工作的情况如“开展新的工作”“积极进行业务改进”等，也变得难以考核。

在这种情况下，经营者若想维持、提高员工的工作热情，需要修正以前的评价标准，重新设定符合每位员工职责的明确标准。

通过以上5点，我们能看到，在远程合作工作模式下，人与人之间不再是面对面直接交流了，**这更加要求所有的工作交流都要"明确"**。在日本企业中，"察言观色"的文化根深蒂固，所以企业经营者、管理层人员要留意这一点。

新的工作模式是另一种制约，我们要么坚持原来的工作形式，**要么将其视为一个新机会，推进这一改革**。

哪种做法能适应时代变化，这不言而喻吧。

第 6 章
善用工具，打赢企业复活赛

没有一个经营者不知道《孙子兵法》吧？这部约 2 500 年前的中国兵法书，现在仍受到很多读者的喜爱。我在前面多次说过，对于企业而言，现在面临的种种危机就好比参加一场生死攸关的战斗。在如此关键的时期，我觉得大家更应该好好领会《孙子兵法》的思想。

在本章中，我将介绍如何在商业活动中践行《孙子兵法》中的两句名言。

41
企业常胜需要“知己知彼”

这部中国春秋时代著名的兵法书里有这样一句名言：

“知己知彼，百战不殆。”

这句话的意思是“如能正确把握敌我两军的形势，就能不断取得胜利”。这句话作为最基本的战术策略广为流传。我想很多人都知道这句话，但大家知道这之后还有一句话吗？

“不知彼而知己，一胜一负；不知彼，不知己，每战必殆。”

简单来说，它的意思就是“**不了解敌军情况，只知道我军情况，战斗能赢一场输一场，胜负输赢一半一半。既不了**

解敌军，也不知晓我军，每战必输。”

这句话，也真实反映了经营不佳的企业的状况。

企业经营者既不了解经济形势的变化和市场动向，也无法正确把握自己企业的经营资源，管理层无法制定适合企业发展的经营策略，造成企业利润不断下降。或者即便经营者非常了解自己企业的经营资源，但对于外部经营环境的认识不足导致经营策略偏差，也有可能造成经营资源的无效使用和浪费。

只有经营策略适应时代需求，企业才可能盈利。如若不然，一旦遇到急剧变化的经营环境，企业利润就会再次恶化。

企业若想始终在竞争中胜出，经营者就必须详细分析外部环境（经营状况、市场动向）和内部环境（自己企业的经营资源），并在制定经营策略中充分考虑、利用这些因素。

这是从《孙子兵法》开始代代传承的“常胜战略”大原则。

42
准确把握企业竞争态势，制胜市场

企业应如何在实际商务活动中践行《孙子兵法》的思想呢？“SWOT”环境分析工具就是一个有效的手段。

“SWOT”由来已久，这也是商学院的课程内容之一，所以我想很多人都了解它。但这个方法并不陈旧，越是在这种危机时期，它越能成为重要武器。

SWOT 包含以下 4 个方面的环境因素：

① strength（优势）：企业擅长的部分；

② weakness（劣势）：企业不擅长的部分；

③ opportunity（机会）：带给企业有利影响的因素；

④ threat（威胁）：不利于企业发展的因素。

这其中，S（优势）和 W（劣势）属于“内部环境”范畴，O（机会）和T（威胁）属于“外部环境”范畴。

利用SWOT分析方法，需要从以上4个角度来分析企业所处的环境。在介绍具体的分析方法之前，关于“内部环境”和“外部环境”，我先做如下说明：

（1）内部环境（S＝优势，W＝劣势）

内部环境指的是自己企业的经营资源。

“人力、物力、财力”是我们常常说的经营资源。企业需要优秀的管理层和人才、领先的产品、设备和资金。这些经营资源丰富的企业，可以说是内部环境优越。

除此以外，企业拥有的“信息、技术”也可以说是重要的经营资源。很多企业也通过积累、管理员工单独掌握的信息、技术，并灵活运用“知识管理”的方式进行资源经营。

“人力、物力、财力、信息、技术”，这些有形或无形的经营资源，就是企业拥有的力量。

通过 SWOT 分析企业内部环境，其实就是分析自己企业的实力，也就是企业的强势部分为 S（优势），弱势部分为 W（劣势）。

（2）外部环境（O =机会，T =威胁）

外部环境指的是和经营相关的各要素中，企业无法自我掌控的因素。

外部环境中，给企业带来积极影响的要素是 O（机会），给企业产生消极负面影响的要素是 T（威胁）。

以下都是关于企业外部环境的：经济形势、外汇市场、股票市场、法律条文修订、消费者倾向、竞争对手公司动向、国际形势……这些都是能考虑到的外部要素。

此外，还有一些是所属行业特有的要素。比如，食品、餐饮业会受到农产品和海产品市场的影响，旅游业会受到台风、暴雨、严寒酷暑等气象和气候变化，甚至受年假长短的影响。

企业独特的要素也要考虑在内。资本量少的企业容易被银行、风险投资公司的意见左右，分公司会受到总公司、集团公司业绩好坏的影响。这些要素是企业特有的，容易被误认为是企业内部环境因素，但考虑到“不可控”这一点，我觉得还是将它们视为企业外部环境因素好些。

“SWOT 分析”就是将各种外部环境因素和企业自身因素比较参考，以此制定能够在市场竞争中取胜的战术战略。

下一节，我将具体说明这一分析方法。

43
用 SWOT 分析法判断企业发展现状

接下来我说明一下 SWOT 分析法的具体做法。

先请大家将自己企业的优势和劣势分别填入下表中。请大家注意尽可能填写地详细一些。比如，“销售能力强”这个优势，最好具体表述为“在全国有销售网点”“销售人员业务素质高”等字眼。又或者即便销售能力强，也许仍存在“没有直销途径”“销售人员不足”的劣势。

大家如果能像这样具体描述出企业的优劣势，并在企业发展战略中考虑到这些因素，就能够制定出具体可行的发展战略。

（1）列出企业的优劣势

优势（S）

（例）

- 在全国有销售网点
- 销售人员业务素质高

劣势（W）

（例）

- 没有直销途径
- 销售人员不足

列出内部环境后，下面再列出外部环境因素。外部环境因素中，需要列出给企业带来机遇的因素（O）和给企业带来威胁的因素（T）。和列举出的内部环境因素一样，外部环境因素也要尽可能详细具体。

另外，**外部环境中也应包含对将来的预测要素。**比如，如果能预期到“市场扩大”这一有利要素，就把这罗列在“机会”一栏中，若能预想到“外资企业进入市场”，那就把它标注在“危机”一栏中。

这其中，一定会有当下无法判断是有利还是不利的要素。比如“管制减少，减压”这一要素对自己的企业是个机会，但对竞争对手企业一样也意味着新的机遇。

这种情况，可以在O和T两栏中分别加以标记。

（2）写出企业的机会和威胁

机会（O）

（例）

- 市场扩大
- 管制减少，减压（对自己企业而言是机会）

威胁（T）

（例）

- 外资企业进入市场
- 管制减少，减压（对竞争对手企业而言是机会）

44 用 SWOT 分析结果检验企业发展战略

在分别逐项写出内部环境和外部环境因素之后，再以内部环境的“优势”（S）和“劣势”（W）各项为纵轴，以外部环境的“机会”（O）和“威胁”（T）各项为横轴，填入相关内容，做成如下图的矩阵图。

矩阵图显示可能存在以下 4 种组合形式：

① 优势－机会（对企业有利）；

② 优势－威胁（对企业不利）；

③ 劣势－机会（对企业有利）；

④ 劣势－威胁（对企业不利）。

分析这个矩阵表，你就能找到你的企业应该采取的发展战略。

这 4 种组合表现出来的发展战略如下（表 6-1）：

表 6-1　SWOT 分析矩阵表

		外部环境	
		机会（O）	威胁（T）
内部环境	优势（S）	①积极攻势	②差别化战略
	劣势（W）	③阶段性措施	④专守防卫、撤退

① 优势 - 机会 = 积极攻势；

② 优势 - 威胁 = 差别化战略；

③ 劣势 - 机会 = 阶段性措施；

④ 劣势 - 威胁 = 专守防卫、撤退。

下面我讲解一下这每一栏应该填入什么。

（1）优势 - 机会 = 积极攻势

这一栏内填写应该如何充分发挥企业优势和机会（对企业有利、机会）以便抓住商业机会的战略。

只要企业有优势和机会，在竞争中胜出就是必然的。更重要的是**企业在竞争中的目的不仅仅是胜出，而是要知道怎样才能大比分取胜**。实际上，业绩良好的企业能将经营资源集中到发展态势良好的市场和产品上，从而创造出更大利润。

如果无法制定有效的战略，那么企业很难成为行业龙头。

（2）优势 - 威胁 = 差别化战略

这一栏内填写如何发挥企业优势，消除或规避危机（对企业不利）的战略。

发挥企业优势，消除或规避危机，意味着企业学会了运用对手公司和其他行业无法简单模仿的手段。因此，这里填写：和其他企业、其他行业的差别化战略。

（3）劣势 - 机会 = 阶段性措施

如果前面都是进攻战略，那么“劣势 - 机会”和“劣势 - 威胁”就是防守战略。

“劣势 - 机会”一栏内填写因企业劣势而更不可以错失

机会的战略。

经营者若要充分利用绝好良机，提高企业利润，首要问题就是改进企业劣势因素。可是，若在改进劣势因素的过程中错失机会的话，那改进则毫无意义。

因此，**为了能牢牢抓住机会，企业在制定战略时暂时掩盖劣势也是有必要的。**

我举一个可以让大家更明白一些的例子。假设你在古董市场看到了一只古董罐子，但不巧你手头现金不足。因此，你可以先用手头的现金作为定金来担保购买，或者你跟一起去的朋友借钱买下这只罐子。如此一来，虽然你当下没有全额现款，但不管怎样你获得了购买这只罐子的权利。

为了下次能一击而中所采取的手段，就是源自“劣势 - 机会”。

（4）劣势 - 威胁 = 专守防卫、撤退

这一栏内填写为最大程度减少危机带来的危害而采取的战略。这里，最好把“撤出”也作为一个选项来考虑。很多企业老板认为撤出是一种不体面的做法，但如果任由损失扩

大，给员工和客户带来更大损失的话，那才更不光彩。

我们要认识到有时做撤出的决定是需要勇气的。

通过在矩阵图中分别填入优势、劣势、机会、威胁，就能够找到企业应该采取的发展战略。

请你也有效利用SWOT分析检验企业的发展战略。

45
提高分析效果的 3 个关键点

前面我讲解了如何做 SWOT 分析。在实际运用 SWOT 分析法时，有 3 个关键点需要加以注意。按照这 3 个关键点对企业进行分析，能提高 SWOT 分析的效果。

（1）不要独自分析企业发展战略，要集思广益

SWOT 分析，不要只依靠单个人来做，要尽可能地集思广益。由单个人进行 SWOT 分析，有可能会漏掉一些内部或外部环境因素。通过广泛讨论，尽可能让更多人发表看法。这样，就能不遗漏、全面地列举出单个人可能会忽略的企业优势或劣势、对企业发展有利的机会或对企业发展不利的威胁。

如果只是在事后告知员工企业发展战略，容易导致员工对企业现状认识和危机意识薄弱。但如果让更多的人参与到企业发展战略的分析制定过程中来，那么最后制定的发展战

略一定会深入人心。

（2）从外部环境审视企业发展战略

在填写矩阵图的四个项目中的发展战略时，请大家从外部环境一项开始思考。

假设，企业现在的机会是“低年龄层客户增加，市场扩大”，优势是“新产品的研发能力强”。那么据此可以得出的企业发展战略就是“开发面向低年龄层用户的新产品”。

企业发展基本战略没变，但基于内部环境还是外部环境进行思考分析，会引起具体发展计划制订的变化。从内部环境出发，得到的结论是“充分发挥企业研发能力，开发面向低年龄层用户的产品”。这将引导企业在现有研发能力的条件下，开发市场需求的产品。但反过来，若是从外部环境出发，结论是“为了生产面向低年龄层用户产品的目的，我们应充分发挥企业研发能力”。这样，企业会为了抓住机会而合理地提高研发能力。

外部环境虽无法改变，但请记住内部环境可以通过努力改变。

从外部环境出发思考企业发展战略，可以得到如何加强企业实力的启发。

（3）思考“放弃什么”也是一种战略

刚才我说过，在制定企业发展战略时，也应该考虑到撤销“劣势－威胁”一栏中的不盈利部门。为将企业损失最小化，有时需要终止某项企业发展规划，有时也需要进行企业裁员。

撤销某一部门的目的不仅是为了尽可能地控制企业损失。**为了确保、提高企业的核心竞争力，有时需要我们能更积极地做出果断的撤销具体部门、及时止损的决定。**

核心竞争力指的是企业的核心能力和市场竞争力，是企业特有的别人无法模拟的独一无二的优势。

通过 SWOT 分析能确定应该撤销的业务内容和产品，如房地产企业，应将经营重心集中到商品企业规划、设计上，将非优势的销售委托给外部企业，将投入到销售领域的经营资源进行重新整合，以便确保、强化企业核心竞争力。

经营资源的重新整合，对于越是规模小、发展时间短、没有技术积累的风险企业而言，效果越明显。这些企业“人力、物力、财力、信息、技术”的经营资源有限，因而投入确立、发展企业核心竞争力上的经营资源就少。如能充分利用SWOT分析，我们就能明白应增加哪一部分的经营资源，经营资源具体应投入到哪些方面。

决定一项经营战略，我们往往会关注到“我们先要做什么”。但**“我们先要放弃什么，应该要重视什么”其实更为重要**，SWOT分析就能让我们注意到这一点。

46
“先胜而后战”才是竞争之道

《孙子兵法》中，有这样一句话：

“胜兵先胜而后求战，败兵先战而后求胜。”

这句话的意思是说：**“战斗中能取胜的一方，事先做好了取胜的准备。战斗中失败的一方，在战斗开始后才慌忙谋划胜算。”**

登山也是如此。若想登山，先要决定爬哪座山，购买地图，结合登山难易程度和自己的体力思考是否可行，做出慎重选择。若是不做任何准备，看到什么山就想攀登什么山，这只会让周围的人目瞪口呆，贻笑大方。如果事先准备不充分，选错登山路线，那么遇险的概率就会一下子增高，甚至可能会丢掉性命。

企业运行和登山道理很相似，**企业发展战略和企业规划方案制定的正确与否，决定着企业发展的成败。**

我们以前常常根据个人灵感和以往的商业习惯决定企业发展战略和企业规划方案。各种企业发展战略法、企业规划立案法很多都是面向企业管理层和部分特定企业规划立案负责人的，并不是所有员工都可以利用。如此一来，制定出来的企业规划可能就会因部门、员工个人的不同而在规划发展方向上有很大差异。

企业发展战略、企业规划方案应具有理论性、普适性，制定、立案方法必须具有广泛适用性，能适用每名员工。

下面我介绍解决问题并制定战略来实现这一目标的方法。

这个方法是我为了重整再编企业而想出的，也在很多亏损企业重整中实际运用过，且取得了一些成效。我把其称为**"CPI问题解决法"**。

顺便说一下，“CPI”是我所任职的“公司力研究所”（Corporate Power Institute）英文首字母的缩写。

下面，我具体说明详细的问题解决办法和制定企业发展战略的程序。

47
用 CPI 7 步法缔造常胜模式

“CPI 问题解决法”运用下面 7 个步骤制定发展战略、策划方案、执行企业规划。

只要按照 CPI 7 步法，就有可能正确面对、解决企业面临的各种问题：

① 设定假说，选定主题；

② 收集信息；

③ 明确问题点和可行性；

④ 设定目标；

⑤ 制定发展战略；

⑥ 制订战略实施计划；

⑦ 执行企业规划，反馈执行过程情况。

只这样介绍，可能很多人不明白。所以，我们假设“现在企业主力产品的销量剧减”这一情形，我们用 CPI 7 步法来逐一审视从出现问题到执行企业规划的整个过程，进行具体说明。

（1）设定假说，选定主题

首先，我们要确认现在出现的现象，对于这一现象（也就是“主力产品的销量剧减”）发生的原因，思考所能想到的各种假说。其次，从各种假说中找出你认为最重要的原因，进而决定下一步骤“②收集信息”的主题。

作为主力产品销售不畅的原因，我们能考虑到的包括“市场萎靡”“竞争对手企业推出了新产品”“销售能力弱”“广告宣传活动没达到效果”等情况。

如果企业销售能力并不弱或广告宣传活动没有问题，那么假说的主题就可以定为“市场萎靡”“竞争对手企业推出了新产品”。

（2）收集信息

收集信息来检验假说是否正确，是否是事实。产品市场增长如何，企业核心产品销售趋势是什么，其他同类产品的市场占有份额是多少。为了更好地对今后这些问题的发展进行预测，我们应尽可能多地收集相关信息。

我们可以从身边的数据中收集大部分的信息。只有10%的信息需要特殊调查和广泛听证，90%的信息都可以在企业日常经营活动中获取到。

假设我们需要销售额预估信息。销售额的预估，可以通过以下3个办法：

① 通过“市场预测×市场份额预测”的推导方法；

② 通过过去的销售趋势的推导方法（趋势分析）；

③ 以顾客为单位预测销售总额的推导方法（累计联合分析）。

这其中的“趋势分析”，只要有过去的销售额数据，就能进行分析。累计联合分析法，只要收集齐销售人员手头的数据也可以进行分析。需要重新进行调查的是“市场预测”和预测“市场份额”。

通过这些，我们可以看到很多必要的信息都存在于企业内部和我们身边的工作结果中。在灵活有效利用这些信息的基础上，有成效地推进特殊调查和广泛听证，这是信息收集的关键所在。

（3）明确问题点和可行性

在这个环节中，我们要根据收集到的信息，明确问题点。比如，我们第一阶段搞清楚了“市场没有缩小”“企业产品比其他同类产品价格高”“竞争对手的产品性能优于自家产品”这些事实的存在。这时，我们就能看到问题不在于市场规模如何，“自家产品价格高、性能差”这才是问题所在。与此同时，我们也要明确改进问题的可行性。如果正常成本已控制在最大限度范围内，那么就只能通过降低价格控制生产成本。如果企业有卓越的技术能力，研发比其他企业性能更高的产品也不是不可以，但现实又未必如此。

通过这样一个思考过程，就可能明确问题所在和解决问题的可行性，就能提高后面制定企业发展战略的准确度。

（4）设定目标

归纳完问题所在和解决问题的可行性之后，我们把最重要的问题设定为目标。如果问题比较多，在这个环节就要求我们有较高的策划方案的能力，但在这个案例中，前一阶段的问题点和解决问题的可行性已非常明确。

因此，我们可以轻松地把目标设定为“推出比其他企业产品性能好、价格低的新产品”。

（5）制定发展战略

制定达成目标的发展战略。在这个案例中，以下两点是可行战略。

“充分发挥企业技术能力，研发性能更好的产品。”

“在工厂采用新生产线，以便把产品市场价格控制得更低。”

（6）制订战略实施计划

将发展战略落实到具体实施计划中。实施计划应尽可能包含时间期限和数字目标，内容上让员工更有直观感受。在

这个案例中，

“增加两名研发人员。”

“产品研发在 6 个月内完成。”

“通过事先进行的监测调查，检验新产品性能是否比其他同类产品优越。”

“通过工厂新生产线，将生产成本降低 10%。”

这些表述能让实施计划更易于执行。

（7）执行企业规划，反馈执行过程情况

制订好具体实施计划后，向相关部门发出指令要求他们推进实施。

有时计划的延误或经营环境发生预想不到的变化，都迫使我们必须在实施过程中改变计划，所以我们需要定期查看计划推进情况，并根据计划进展情况更好地不断调整计划。

如果经营环境变化太大导致实施计划无法推进，或是发展战略或实施计划本身存在很大问题，我们就需要果断地从第一步开始，重新制定战略、计划。严格执行计划的态度是非常重要的，但计划毕竟只是一种手段，绝非目的。

重要的是解决问题，为此如果需要修正计划，那我们就不应该固执己见、盲目拘泥于最初的计划，要灵活应对现实问题，这种态度更重要。

怎么样？我想大家应该能理解“CPI 问题解决法”的大致流程了吧。

为了能说明这一问题，虽然我举了一个非常简单的案例，但只要利用这个方法，我们就能面对、解决企业活动中的各种问题。

当你的企业面对难题，找不到解决问题的办法时，请一定用“CPI 问题解决法”试试看。

第 7 章
即便身陷困境，也要为自己打一针强心剂

48
社长的“看家宝典”

作为最后一章，我将介绍我的3个“看家宝典”。这些都是从我年轻时就一直听到的或在书中读到的，并且已经写进我的“惊奇笔记”里，直到现在我依然十分珍视的方法。

首先是“职场人哲学10条”，遗憾的是我忘记这些是从哪里听来的了。但这10条清楚地记录在我的笔记本里，是一直以来我工作的指南。

其次是“销售人员10训”，这是我在强生集团工作时的前辈御厨文雄在消费材料企业——狮王当员工时编写的。我现在还清楚地记得当我从他那听到这个“10训”方法时，赶紧写在笔记里的情形。

最后是“管理者识人7法”，据说这是诸葛孔明用过的办法。这一直是我在工作中调配人员时的行动指南。

在工作中遇到艰难险阻时，当面对困难产生“或许这次真的不行了”想要放弃时，战胜重重困难的先人们说的这些话，就成为激励自己振奋起来、再次挑战的强心剂。现在，我们一起重温一遍这些话，并把它们印刻在脑海里，成为自己工作的指南。

请大家也要反复多读几遍，消化吸收，学会灵活利用。

49
职场人哲学 10 条

第 1 条　职场人就是不厌其烦地重复基本原则。因为他们知道创造是在不断重复中产生的。

第 2 条　职场人知道如何克服因循守旧。他们知道只有突破自己才能克服因循守旧，除此以外没有别的办法。他们知道因循守旧是由对自己心慈手软产生的。

第 3 条　职场人不认为万事皆有最好的限度，他们认为只有更好没有最好，他们是浪漫的追梦人。

第 4 条　职场人事无巨细，始终全力以赴。

第 5 条　职场人知道最大的敌人是自己。

第 6 条　职场人不要舒适感，始终保持初心。人一旦忘记初心，便是堕落的开始。

第 7 条　职场人不断打磨技术本领。

第 8 条　职场人勤于用理论武装自己。

第 9 条　职场人不知疲惫，但他们也有自由时间。

第 10 条　职场人是孤独者，他们不期待任何人的帮助。

50
销售人员 10 训

第 1 条　销售人员要有作为企业代表的自豪感和自信。

第 2 条　销售人员首先要是一个具有良知的杰出的社会人。

第 3 条　销售人员要始终能清楚地表达“是”与“否”。

第 4 条　销售人员一定要遵守和别人的约定。

第 5 条　销售人员要严于律己，宽以待人。

第 6 条　销售人员要经常站在别人角度考虑问题，采取行动。

第 7 条　销售人员要不断努力发现问题，解决问题。

第 8 条　销售人员在个人生活、工作中都应游刃有余。

第 9 条　销售人员的行为举止既要考虑到西式规则的合理性，又要兼顾本土的人情义理，做到和谐统一。

第 10 条　销售人员应做到深思熟虑、行动果断。

51
管理者识人 7 法

第 1 条　通过一个人对一个问题的善恶判断，观察其良知。

第 2 条　通过在语言上对一个人的步步紧逼，观察其态度如何变化。

第 3 条　询问一个人对于企业发展战略的看法，观察其知识水平。

第 4 条　让一个人处理困难事态，观察其勇气。

第 5 条　灌一个人酒，观察其本性。如果酒后乱性，那其一定没有做将帅的资格。

第 6 条　以利益引诱一个人，观察其清正廉洁的程度。

第 7 条　交给一个人一项工作，看看其是否能够按照要求完成，观察其是否值得信任。

脚踏实地，心无杂念

我小学时，有位叫大野的老师。大野老师是村办企业家的儿子，大学一毕业就到了我的小学任教。我从大野老师那里学到了很多课本以外的事情。比如，大野老师认为“以后农业中会使用地膜”，地膜我们以前从未见过，这种话也从未听说过。大野老师给我们讲过好多这样的事情。

大野老师说过让我印象最深刻的一句话是：

“在我们人生将结束之际，我们要死而无憾。因此，step by step（逐步推进）思维特别重要”。

也就是说，做任何事情，我们都要“脚踏实地”“逐步推进”地一步步计划好进行。小学毕业到现在，已经过去了半个世纪。但这句话早已成为我的座右铭。

再建企业看起来似乎有什么玄学绝技，但其实我也只不过是一步步做了应该做的事情而已。

我曾经在参与一家企业重组时，工作总也无法顺利开展，我感到绝望、无计可施，不知为什么我那时就去爬了箱根的塔之泽的山寺。我漫不经心地在山间信步而行，遇到了寺里的住持，他告诉我说："你来庙里吧，我给你写点儿东西。"

当时，住持给我写的一句话就是：**"心无杂念"**。

我似乎感悟到了什么，回到企业后我心无旁念地专心工作，与员工之间增进了理解："长谷川你这样说的话，我就明白了"。工作开始出现好转。

无论做什么工作，首先要全力以赴。如果做不到这一点，可不行。从一开始"希望能做到"的想法都是偷懒的行为。不光要全力以赴，还要心无杂念地专心去做，这样任何困难都能战胜。这是我从事企业再建工作50多年的真实感受。

一些事关企业生死存亡的危机常常让很多企业处于水深火热之中。今后，面临困境的企业还会继续增多。但是，以社长为首的所有的商业人士都必须正面应对这次考验。如果放弃，那一切就都结束了，但**如果不舍不弃，一步步为生存而战，那前途一定光明。**

人的生存方式千姿百态，但不管选择什么样的道路，最重要的就是要拥有梦想。无论身处何种困境，人只要坚信“无论如何也要做到”，step by step 地不断努力下去，一定能逐渐接近目标，总有一天会实现梦想。

未来，属于终身学习者

我们正在亲历前所未有的变革——互联网改变了信息传递的方式，指数级技术快速发展并颠覆商业世界，人工智能正在侵占越来越多的人类领地。

面对这些变化，我们需要问自己：未来需要什么样的人才？

答案是，成为终身学习者。终身学习意味着永不停歇地追求全面的知识结构、强大的逻辑思考能力和敏锐的感知力。这是一种能够在不断变化中随时重建、更新认知体系的能力。阅读，无疑是帮助我们提高这种能力的最佳途径。

在充满不确定性的时代，答案并不总是简单地出现在书本之中。“读万卷书”不仅要亲自阅读、广泛阅读，也需要我们深入探索好书的内部世界，让知识不再局限于书本之中。

湛庐阅读 App：与最聪明的人共同进化

我们现在推出全新的湛庐阅读App，它将成为您在书本之外，践行终身学习的场所。

- 不用考虑“读什么”。这里汇集了湛庐所有纸质书、电子书、有声书和各种阅读服务。
- 可以学习“怎么读”。我们提供包括课程、精读班和讲书在内的全方位阅读解决方案。
- 谁来领读？您能最先了解到作者、译者、专家等大咖的前沿洞见，他们是高质量思想的源泉。
- 与谁共读？您将加入优秀的读者和终身学习者的行列，他们对阅读和学习具有持久的热情和源源不断的动力。

在湛庐阅读App首页，编辑为您精选了经典书目和优质音视频内容，每天早、中、晚更新，满足您不间断的阅读需求。

【特别专题】【主题书单】【人物特写】等原创专栏，提供专业、深度的解读和选书参考，回应社会议题，是您了解湛庐近千位重要作者思想的独家渠道。

在每本图书的详情页，您将通过深度导读栏目【专家视点】【深度访谈】和【书评】读懂、读透一本好书。

通过这个不设限的学习平台，您在任何时间、任何地点都能获得有价值的思想，并通过阅读实现终身学习。我们邀您共建一个与最聪明的人共同进化的社区，使其成为先进思想交汇的聚集地，这正是我们的使命和价值所在。

图书在版编目（CIP）数据

萧条中的生存策略 /（日）长谷川和广著；班健译.
北京：中国纺织出版社有限公司，2024.8.（2024.8重印）
ISBN 978-7-5229-1998-0
Ⅰ. F272
中国国家版本馆CIP数据核字第20248L1R88号

责任编辑：刘宇飞　李文潇　　　　责任校对：寇晨晨
责任印制：王艳丽

中国纺织出版社有限公司出版发行
地址：北京市朝阳区百子湾东里 A407 号楼　邮政编码：100124
销售电话：010—67004422　传真：010—87155801
http://www.c-textilep. com
中国纺织出版社天猫旗舰店
官方微博 http://weibo.com/2119887771
天津中印联印务有限公司印刷　各地新华书店经销
2024年8月第1版　2024年8月第2次印刷
开本：880×1230　1/32　印张：5.875
字数：80千字　定价：49.90元

凡购本书，如有缺页、倒页、脱页，由本社图书营销中心调换